無敵の内定戦術

半沢 健
Ken Hanzawa

発行・日刊現代／発売・講談社

人生を大逆転させるための

夢宣言シート

死ぬまでに絶対に成し遂げたい10のこと

1.

2.

3.

4.

5.

6.

7.

8.

9.

10.

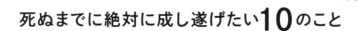

社会人として絶対に実現したい10のこと

1.

2.

3.

4.

5.

6.

7.

8.

9.

10.

目次

第1章 内定を勝ち取る！ 48の鉄則［意識編］

第2章 内定を勝ち取る！ 48の鉄則［書類編］

第3章

内定を勝ち取る！ 48の鉄則［面接編］

第4章 内定を勝ち取る！ 48の鉄則［極意編］

終章 〝人生大逆転〟から始まる、新たな物語

付録

序章

あなたにもできる〝人生大逆転〟！

——最大のチャンス、新卒就活＆転職での勝利を目指せ

「どの企業」で働くかが、あなたの幸せを決定する！

マッキンゼー・アンド・カンパニー、ボストンコンサルティング（ＢＣＧ）、ゴールドマンサックス、Googleを筆頭にＧＡＦＡＭ、ＪＡＸＡ、三菱商事、三井物産、伊藤忠商事、日本銀行、日本政策投資銀行（ＤＢＪ）、日本取引所、三菱地所、三井不動産、東京海上日動火災保険、三菱ＵＦＪ銀行、トヨタ自動車、本田技研工業、ソニー、キヤノン、旭化成、キーエンス、リクルート、日本Ｍ＆Ａセンター・Ｍ＆Ａキャピタルパートナーズ・ストライク・Ｍ＆Ａ総合研究所等のＭ＆Ａ仲介会社、講談社を始めとした出版社、電通、博報堂、日本テレビ・フジテレビ・ＴＢＳテレビ・テレビ朝日・テレビ東京・ＮＨＫ等のテレビ局、そして専門職では、アナウンサー、ＡＮＡやＪＡＬのパイロットや客室乗務員……これらはすべて、就職そして転職における人気において飛び抜けた人気を誇り、それだけに難関としてもつとに知られる企業です。多くの人が羨むこれらの企業から首尾よく内定を獲得するのは、まさに至難の業であり、今、この本をお読みの皆さんも**「どうやったら、あんな会社に入れるの？」**という、羨望と驚異の入り混じった気持ちを抱いたことがあるかもしれません。

しかし、**どれほどの難関企業であれ、そこで働いているのは皆さんと同じ人間。**そうであれば、**勝利のカギ、成功への条件は必ずや手の届くところにある**はずです。

では、必要なのは、どんなカギ、どんな条件なのでしょうか?

私はヘッドハンターという仕事を通じ、これら難関企業に内定された数多くの皆さんのお手伝いをする中、アンケートの分析からある共通点を見つけました。それは——彼ら、彼女らの多くが積み重ねた**圧倒的な準備と、それに裏打ちされた誰にも負けない自信**です。本書は、まさにその「圧倒的な準備」を実現するために、そして願わくば、「圧倒的な自信」をつけてもらうために、いつ、何を、どのように考え、どう行えばいいか、その明確な指針を提供するために出版されました。

著者である私は、のちほど詳しく述べる通り、①**右記企業も複数含む人気難関企業を筆頭に34社の内定を獲得し（プレイヤーとしての実績）**、②**ヘッドハンターとしては「日本一」の称号を拝受し（監督・指導者としての実績）**、③**先に挙げた難関企業の経営・人事の中枢の方たちとの人脈に基づく分析においても他の追随を許さない実績**を持っています**（分析のプロフェッショナルとしての実績）**。①から③をすべて満たし、それぞれ日本トップクラスの実績を出す人は、おそらく日本に私以外いないはずです。例えば①については、先に挙げたような人気企業群、日本のトップオブトップの優秀層でも、せいぜい数社内定すれば、就活・転職を終わらせる方々がほとんどでしょう。私のように、（当時から、いつかヘッドハンター兼経営者となる将来の夢を見越して逆算し、）就活・転職を究めようとする人は、日本にほぼいないはずです。本書は、その①から③のあらゆる角度からの実体験による生々しい話が多分に盛り込まれています。就職や転職に不安や悩みを少しでも感じ、答えやヒントを求めているなら、私以上にリアルな現場に基づくアドバイスのできる相談相手はなく、オリジナリティーに溢れ、ここまで生々しく明かすかと、実用的で刺激を受ける1冊はないのではないでしょうか。

巻頭にあたって、何よりもその点を力強く「宣言」したうえで、皆さんには確信とともにこの先を読み進めていただきたいと思います。

＊

そこで、まずは質問——**皆さんは今、幸せに生きている実感がありますか？**

何の躊躇もなく、胸を張って「はい！」と言える方、ごめんなさい。そうであれば、本書はすぐに閉じてしまってかまいません。でも、ほんのわずかでも躊躇したり、戸惑うところがある方、それ以上に「うーん……幸せに生きている実感、ないかも」と頭に浮かぶ方、迷わずこの先を読んでください。

本書に書かれていることを熟読し、正しく実践すれば、今よりきっと幸せな人生を送れるようになります。

少し気持ちを落ち着けて、幸せについて考えてみることから始めましょう。人生における幸せの尺度は実に様々で、ある人は家族との明るい暮らし、またある人は知人や友人の数、平穏無事や長生き、健康を挙げる人もいるでしょうし、趣味や娯楽、恋愛を一番とする人もいるでしょう。もちろん、困らない程度のお金が大事という人もいると思います。要は、人それぞれに価値観があり、なかなか「これ」と決めることはできないかもしれません。

では、人間誰もが持っている共通の尺度である**〝時間〟**で見た場合は、どうでしょうか?

現在、日本人の平均寿命は80代半ば、いわゆる健康寿命で見た場合は70代半ばと言われます。では、そのうち最も長い時間を占めるのは何かというと、これはずばり**何らかの仕事について働いている時間**ではないでしょうか。すなわち、最も平均的な大卒の方の場合、22歳で会社に就職し、定年が60歳、完全にリタイアするのを65歳とした場合、人生75年(これにはむろん赤ちゃんや幼児の時間も入ります)のうち50~57%、実に半分以上を勤め人として送るわけで、この部分が皆さんの幸せの実感に大きく関わっているのは間違いありません。

そして、この**勤め人=企業に籍をおいての人生では、当然ながら「どの企業」で働くかが最も大きな幸福の要因になります。**

試しに、自分の心の奥をのぞき込んでみてください。本書をお読みの皆さんの中には、就職活動を控えた大学生の方、将来の就職活動を早くから意識している10代の方、あるいは既に就職しているビジネスパーソンの方、または新卒就活や転職をするご家族などを応援したい方などと、様々いることと思います。例えばビジネスパーソンの方であれば、日々の会社生活において、仕事の内容や働きがい、周囲との人間関係、評価とそれに見合った年収、何より自分が生き生きと輝けているかどうか——そうした、満たされない部分を感じることはありませんか？

そうであれば、自分自身で前向きに環境を変えることこそ、幸せに生きるための道。中でも**「転職」という選択は、今までの人生を〝大逆転〟できる最も劇的なチャンス**だと言えます。これは**転職のみならず、就職においても言えること**です。

転職活動で言えば、転職をとりまく労働市場の変化は皆さんが想像しているより遥かに激しく、確実に進んでおり、かつてのような会社都合や自己都合のようなネガティブな理由からではなく、「より良い条件の仕事を探すため」という積極的な転職の率はコロナ禍を通じても右肩上がりで推移。その内容も、25〜34歳の転職ボリュームゾーンの割合が増え、従業員規模の大きな、いわゆる大企業、また正規雇用者による転職の増加が続くなど、もはや以前の「終身雇用」システムは完全に崩壊しました。

だからこそ、私は皆さんに**「就職・転職で人生を大逆転しましょう！」**と、声を大にして言うのです。

人は「人生のどの瞬間に戻りたいですか？」と聞かれた時、例えば「子どもの頃」「若かった時代」と漠然と答えるより、「就職の時」「大学受験の時」と具体的に回答するケースが、意外なほど多いと言われます。これは、ほかならぬ就職と受験という二つのイベントが、以後の人生に決定的な影響を持つからではないでしょうか。事実、どの会社に勤めているかは、既に書いたように人生の幸せの実感に直結しますし、望ましい会社への就職には出身大学がどこかという点がやはり大きく関わってくる——その重大な節目に悔いが残っているのであれば、**就職の悔いは転職で、受験の後悔は就職で、何としてもリベンジを果たし「人生大逆転」をするべき**でしょう。

私が今回この本を書いたのは、そうした皆さんのリベンジ、すなわち**就職と転職によって「人生大逆転」を果たしてほしい**、と強く感じたのが一番の動機です。内容は書名にうたった『**無敵の内定戦術**』そのままに、勝利のためのあらゆる知恵とノウハウがぎっしりと詰まっていますが、むろん〝無敵〟などという言葉は、それにふさわしい実績と自信がない限りおいそれとは使えないもの。にもかかわらず、あえて私がそう言い切るのは、自他ともに認める「**日本一のヘッドハンター**」であるという経歴、そして実績があるからにほかなりません。

私が人生の挫折から掴んだもの、就活&転職の実績と「日本一」!

私がここまで驚異的に、あるいは本書を読んでくださっている方には、狂ったように見えるかもしれないくらいの就活と転職の圧倒的な実績を出し、日本一のヘッドハンター兼経営者に至ったかの背景には、実は、とても恥ずかしい人生の**苦労や挫折**があります。本書で開示するかを最後まで迷いましたが、**「一期一会」で本書を読んでくださったあなたに少しでも勇気を与えたい、「人生大逆転」は本当にできるんだと希望を持ってもらいたい、**本書では先生として偉そうに語っていく半沢にも、そんな時代もあったのか、**僕も、私も頑張ろう、そう思ってもらいたくて、あえて赤裸々に開示する**ことにしました。

愛知県名古屋市で3人兄弟の長男に生まれた私ですが、家はけっして裕福ではなかったです。家族での外出の折は、ペットボトルの飲料を買うことは我が家ではあり得ず、水筒を持参して5人で一口ずつ回し飲み。安価が売りの回転寿司店に行けば、中でも安いネタを選ぶのは当たり前で、大食いの食欲を抑えるために、緑茶を何杯もおかわりをしてお腹を膨らませていました(笑)。学習塾には行けず、自分で問題を作って自分で解く「自学ノート」で勉強し、欲しいものもなかなか買ってもらうことはできませんでした。小学校時代は周囲の誰もが持っていて友達の家でやらせてもらうマリオのゲーム機が、中学校時代は自分も行きたいけど行けない地元の学習塾に行っている友達が、とても羨ましかったのを今も鮮明に覚えています。

そんなふうでしたから、とにかく親には負担をかけない、勉強を頑張って将来絶対に圧倒的に稼げるようになりたい、誰にも負けたくないという一心で、中学時代の成績は常に学年トップに立ち、部活の陸上ではマラソンに打ち込んで主将も務めました。高校は県内トップクラスの進学校へ進み、ここでも3年生の夏休みまでは順調で、塾に行けない分、自作の「自学ノート」で鍛えた自分で考える力を活かし、学年1位、悪い時でも学年一桁をキープし、自分としては、当然のように国立トップクラスの東京大学か京都大学へ行くものだと思っていました（実際、その高校では上位30位以内に入っていれば、東大・京大の合格もごく当たり前でした）。

それが、本当に恥ずかしながら、高3の夏に、生まれて初めてと言っていい大恋愛を経験。今のような強いメンタルは当時まだ持っておらず、何事も一心に打ち込むことのある私は、舞い上がってしまい、放課後5時間は勉強していた時間が毎日彼女との勉強時間という言い訳のデート時間になり、英語単語小テストや古文単語小テストを彼女のために毎日イラスト付きで綺麗に描きながら作ったりするだけで満足してしまう、溺れたような状態になっていました。当然のように成績は急降下してしまいます。センター試験を目前にした12月も終わりになり、ハタと気付いた時は75以上をキープしていた偏差値は50台へ、全国模試も8月最高時点では全国7位（現役で3位）、東大合格A判定だったのがD判定というありさまで、もはやどうしようもありません。

苦労ばかりの親に対しても、東大・京大からトップ企業へ進んで親孝行を……などと思っていたはずなのに、その後のセンター試験までの半月をやっと我に返って必死で巻き返しに励んだものの、東大・京大合格レベルには及びません。貧しい家庭で育って這い上がってきた親からは、「若いうちの苦労は買ってでもしなさい。成績急降下も、すべて、あなたの自己責任。浪人も私立もダメ。もしも東大・京大に合格しなければ、高卒だよ」と厳しく言われていた中、さすがにまずいと必死になり、とにかく私立1校の受験料の3万5000円を日雇いのライブコンサートスタッフバイトでかき集め、私立1校だけはなんとか受けられるお金を作り、慶應義塾大学も急遽自費で受験しました。結果第一志望大学には落ち、もう1校受験の慶應義塾大学に合格。親には、奨学金と大学の成績による給付、バイト、全部自分で工面したお金で行くからと強く説得して、慶應義塾大学へ進みました。

今となっては大好きになった母校の慶應義塾大学ですが、当時入学の4月、慶應日吉の正門をくぐっても、他人の羨むブランド大学に進んだ嬉しさはなく、**湧いてくるのは悔しい気持ちばかり。**かけがえのない青春のひと時をくれた彼女には心から感謝しつつも、ただ、せっかくこれまで勉強も部活もすべて、貧しい暮らしからの**人生大逆転**を目指して歯を食いしばって頑張ってきたくせに、最後の最後、大事な大学受験という、浪人不可の我が家にとっては**一度しか機会のなかった人生の節目に、自分の全身全霊の全力を１００％出し切れなかった現実に、どうしても納得ができません**でした。

そして、心に強く決意したのです。

今のこの悔しさを、卒業する４年後には大逆転してみせる。受験での悔いを、就職ではきっときっと晴らしてみせる！と。

それからは、就職活動（思えば「就活」という言葉が一般的になったのもその頃でした）へ向けて逆算し、就職活動選考本格スタートまでの約3年間、目的意識を持って臨むことにしました。裕福な家庭の友達も多く、彼らからの高級ランチの誘いは、お金がなくて行けるはずもなく、「俺予定あるから。」と言って断って、住んでいた寮の前にあるサンジェルマンのパン工場で販売される形の悪いパンの耳などを集めた、１５０円のパンの断片をビニール袋から出して食べ、負けてたまるか、と言い聞かせていました。私は、学業において成績優秀者になるのはもちろんのこと、趣味や特技の充実に加え、フルマラソン42・１９５kmでプロの大会出場を目指して打ち込み、スペイン語弁論大会で毎年12人しか選ばれない全国大会に出場する、３年時には当時まだ一部の意識の高い学生しか考えなかった高倍率の人気企業（投資銀行、政府系金融機関、グローバルメーカーなど）のインターンシップ実績を7社も積むなど、考え得るすべての条件をととのえていきました。そのためにも、東に企業主催の説明会があれば1年の段階から参加して意識を高め、西に対象者限定の就職セミナーが開かれると聞けば何としてでももぐり込んで情報収集と人脈形成にいそしみ、集めた情報は業界ごと、企業ごとに徹底分析したファイルにまとめ……その合間には生活費や就職活動の費用を稼ぐべく、少しでも効率のいいアルバイトへ集中して精を出したのですから、今の自分から見ても驚くほどの燃焼度だったと感心します。

そうして重ねた経緯と身に付けた戦略は、以後の各章で折に触れて紹介していきますが、奮闘努力のかいあって、**新卒就活でもその後の転職活動でも圧倒的な実績、超人気難関企業を筆頭に、人生で合計34社という圧倒的な数の会社から内定を獲得に至っています。**新卒就活時代は、学内では誰呼ぶとなく**〝就活の鬼〟**の異名まで奉られました。

また、新卒就活時は、狙った超人気企業の内定を次々に獲得していくと、面白いもので就職に苦労する友人たちからは「どうすれば、そんなに内定がとれるのか？」と相談をもちかけられるようになります。乞われるままにエントリーシートの書き方や志望動機、自己PRのポイントのまとめ方、さらに面接での注意点などを教えていくうち、私の周りには学内だけでなく、東大や早稲田、さらには他大学からの学生も集まり、ついに私は在学中に**「就活塾」を立ち上**

げました。以後は卒業まで、数多くの皆さんを難関企業の内定へと導き、そのことが現在の私の仕事、ヘッドハンター兼経営者への延長戦になっています。

大学を卒業後は、今なお就職人気トップクラス常連の高年収、業界トップの大手リーディングカンパニーに入社。その後、転職活動でも大手外資系コンサルファームやM＆A仲介企業など、人気企業を始めとした内定を多業界で獲得しています。既に書いたような経緯で、大学在学中いつからか、逆算してビジネスマン人生の最終的にはヘッドハンター兼経営者になろうと夢に想い続けてきました。〝人生を賭ける仕事〟と思い続けてきた人材ビジネスに携わるべく、プロフェッショナルのヘッドハンター兼経営者として、業界を牽引したいと邁進中です。私自身、周囲のお陰様で、経済的にも、人生大逆転に成功できました。

その間、いただいた新卒就活や転職の相談は数多——２０１９年度には、キャンディデイト様に真に寄り添い、夢を叶えるお手伝いを真摯に続けてきた点が評価され、日本経済新聞社グループ主催の「コンサル（Ｍ＆Ａ）部門ＭＶＰ」において、**個人部門別全国1位のヘッドハンター**に選ばれるなど、多くの個人表彰を頂戴する栄誉にも恵まれました。ヘッドハンター兼経営者となってから今まで、私が常に願っているのは**「行きたい会社の内定を掴むことで、キャンディデイト様に幸せな人生を歩んでほしい」**という点であり、相談に来られる皆さんをキャンディデイト（＝候補者）様と呼ぶのも、すべての方が「内定にふさわしい候補者」とする私自身の信念からにほかなりません。

本書を出すにあたり、あえて**〝無敵〟**という言葉を使うのも**「日本一のヘッドハンター」**としての確固たる実績と、苦労を積んだ圧倒的な経験、ゆるぎない自信があればこそ。皆さんにはその点を信頼のうえ、大船に乗った気持ちで本書を読んでもらいたいと思います。

就職・転職を通じて、これまでの人生に「倍返し！」

人生を大逆転し、働きがいと充実感、そして評価に見合った年収を獲得する——そのためにも、皆さんには大学卒業における新卒採用（就職）、そして社会人としての実績を積んでの経験者採用（転職）という、最大のチャンスを200％生かすべく、本書を徹底的に活用してほしいと思います。

その際、ぜひ心に決めてほしいのが「せめて、あの会社に」とか「今より少しましになれば」などと、小さくまとまらないという強い意欲。同じ就職・転職を果たすなら、**「誰もが憧れる、あの会社に必ず入る！」**や**「やりがいのある仕事で、年収も5倍、10倍にする！」**と、高い目標を掲げなければ挑戦する意味はありません。

それはまさに、某有名人気ドラマの主人公が宣言する**「倍返し！」**を目指すことであり、そこまでやって初めて**「人生大逆転」**と言えるのではないでしょうか。

しかしながら、現実を見ると、就職・転職にそこまでの決意と目標を掲げ、全力で挑んでいる人にはなかなかお目にかかれず、受験などと比べても「何となく適当に」とか「流れにまかせて」という取り組み方が多いのには驚きます。就職活動と転職活動は、大学受験と比較し、圧倒的に努力量対効果の高い、いわゆるコスパの高いものです。大学受験までのコツコツした幼少期からの積み重ねの努力は大変なものが必要になりますし、そのための実力は一朝一夕で身に付くものでもないでしょう。それに対して、就職活動と転職活動は、人より一歩前に進んだ投入した努力が、如実に、受験と比してもすぐに結果に反映されます。誰よりも胸をはって就職活動と転職活動に徹底的に取り組んだ私が、体感として、これは断言できます。それにもかかわらず、中学、高校と何年もかけて、コツコツと目の前の課題をクリアし、必死で憧れの大学へ入ろうとするのに比べ、その先の一番肝心な就職となると「何となく適当に」というのは、実に残念だと思います。

挙句、いざ働いてみて初めて「思っていたのと違う」と、これまたあいまいな理由で入社早々に退職。〝第二新卒〟で転職を目指しても、結局は同じことの繰り返しで、自分の価値をいたずらに低下させていくばかりというのは、なぜなのでしょうか？

私の見るところ、そこには理由が二つあり、一つは今の親世代に旧態依然の学歴信仰があるという点、もう一つは就職・転職における善き指導者やアドバイザーが不足しているという点が大きいと思います。

一つ目について言えば、今の新卒から経験者採用の適齢期にあたる皆さんの親御さん、すなわち1970年代半ばまでに生まれた世代は、まだ大学全入ではなく、大学、それも偏差値の高いブランド大学へ入れれば、出身校による格差はあるものの希望する会社に入社できる確率が高かった。そのため、子どもたちにも「いい大学に行くんだよ」ということだけを求め、言われた子どもも受験には努力を惜しまない一方、志望校に合格すると本人も親も「もう大丈夫」と安心して、就職にはさほどのエネルギーを注ごうとしません。

しかし、今やほぼ大学全入が確立し、単にブランド大学を出たというだけで、望む企業へ入れるとは限らない時代、就職にあたってはそれに特化した戦略と取り組みが不可欠になっています。にもかかわらず、その点を理解できず、せっかく偏差値の高い大学を卒業しながら、就職の失敗で以後の人生をむなしくする〝高学歴プア〟が年々増えているのが現状であり、本人はもちろん、日本の経済にとっても大変もったいない話だと思うばかりです。

続いて二つ目の理由ですが、これも今の話と関連しています。すなわち——誰もが目の色を変える受験においては、確かに大変な努力が必要な半面、学校の教師を始め、予備校や塾の講師などプロフェッショナルによる具体的、実践的な指導やアドバイスがあり、志望校決定の段階から綿密な進路指導も行われる。書店に行けば、膨大な種類と量の参考書や問題集も買うことができ、あとは本人のやる気次第という、完璧な指導体制ができているのに対し、就職ではそうしたプロの指導やコーチがほとんど期待できず、転職を成功へ導く優秀なヘッドハンターもなかなかいないという実情があります。

大学には「就職課」なる部署も設けられ、学校ごとの熱意の差はありながら情報提供もひと通りは行われているようですが、その多くはおざなりな内容にとどまり、どうすれば採用側の目に留まる書類が書けるのか、面接通過のカギとなるのはどんな点か、といった「学生が本当に聞きたいこと」はまず教えてくれません（というより、そもそもご存じありません）。例えば、厳しく言ってしまえば、ボストンコンサルティング（BCG）のケース面接を受けたことがない人、ケース面接での独特の緊張感を臨場感を持って知らない人が、どうやってボストンコンサルティング（BCG）に行きたい人のケース面接アドバイスをするのでしょうか。結局は、私が現役時代に開いていた「就活塾」のような場でもなければ、実践的なアドバイスは受けようがないのです。

こうした状況は経験者採用を見てもあまり変わらず、希望者と採用側の企業を橋渡しする専門職として、転職仲介業という仕事があることはあるものの、その多くは企業からの人材募集を登録した顧客に随時紹介するというレベルにとどまり、一人ひとりに寄り添っての親身なアドバイスやフォローなどはほとんど望めないでしょう。それでは、どれだけ優秀な人材であっても正当な評価を得られにくく、内定獲得に至らないのも当然です。

だからこそ、**皆さんにはぜひ私のようなプロ中のプロに相談をしてもらいたい**――単なる仲介業や名ばかりの〝ヘッドハンター〟からは教えられない内定獲得の戦略とノウハウ、そして意識の持ち方に通じた真のプロフェッショナルならではの指導とアドバイスがあれば、受験とは異なる取り組み方のポイントがわかり、何をどうすればよいのかも明確になって、成功率は飛躍的に上がります。

私が「日本一」とキャンディデイト様からもよく言っていただける由縁

私自身はおもに経験者採用を目指すキャンディデイト様の依頼によってコンサルティングをしていますが、各種のセミナーなどを通じて新卒採用の学生さんの相談にのることも少なくありません。

その強みは、**キャンディデイト様一人ひとりの夢や希望、幸せの実現へ向けた、完全オーダー**

メイドとも言える指導にあり、**業界・業種や志望先の企業の選定**はもちろん、**個々の選考へ向け細部まで徹底した戦略の組み立て**によって、**内定への道を最後まで〝伴走〟する親身な対応**が高い評価をいただいています。お客様からいただくアンケートやお褒めの声で、「半沢さんは、日本一のヘッドハンターです」とおっしゃってくださることが非常に多いです。

実際、自らの大学入学以来、**20年にも及ぶ実体験とトップ企業での幅広い実務経験**、それに重ねて**起業後の膨大なコンサルティング経験**をもとに、**幅広い業界のクライアント企業様からの信頼はけっして他の追随を許しません**。その確かな裏付け、ヘッドハンターとしての私の最大の強みの一つとして、**内定を獲得されたキャンディデイト様からの、知人やご友人のご紹介が非常に多い**という点が挙げられます。

例えば、M&A業界の企業に所属していたあるキャンディデイト様は、私のサポートによって同業界の最大手企業の内定を獲得し、**年収が600万円から4500万円へと大幅にアップ**。このキャンディデイト様は内定直後、婚約者様とともに私のオフィスに御礼に来てくださり、以後、親しいご友人を何人も、そしてご自身が内定を得られた2年半後には当の婚約者様からもご依頼をいただきました。

このように、大切な方々の人生を大きく左右する「転職」という一大事を、次々に私へと任せてくださる——ご紹介というありがたいご縁は、私に対する並々ならぬご信頼あってのことと、心より感謝するしかありません。当然、お一人おひとりのご相談には一層身の引き締まる思いで臨み、この婚約者様、そして最も親密なご友人も私のアドバイスによって見事に**「人生大逆転」**を果たされました。巻末付録には、めでたくご結婚されたキャンディデイト様ご夫妻の体験談も収録していますので、リアルな「成功事例」をぜひ役立ててください。

これはほんの一例で、私がお手伝いをした方の中には、転職の成功で**年収750万円から1億5千万円にアップ**したキャンディデイト様もいらっしゃいました。**まさに「20倍返し!」の大逆転**を果たされたわけです。ほかにも、内定を得て**年収700万円から1000万円へとジャンプアップ**し、**「当初は転職するつもりではなかったのに、半沢さんとお話しするうちに以前から関心があった企業に想定以上の条件で移れることになり、人生の大きな転機になりました」「同居しているフィアンセ、両親ともども感動しています」**と、人生の「倍返し」を何度も叫んで喜ばれたキャンディデイト様もいらっしゃいます。

また、東大・京大・早稲田・慶應出身でメガバンクや大手総合商社の職務経験があっても95%以上が落ちると言われる、上場企業年収ランキング日本一常連のM&Aキャピタルパートナーズに**「奇跡の内定」**を果たし、**5倍以上の年収と日々の幸せを実感**しておられる方もいて、お手伝いした私も感動するばかりです。このM&Aキャピタルパートナーズに転職されたキャンディデイト様の場合も、内定獲得後に奥様ご同伴で私のオフィスへたびたびおいでになり、涙ながらに御礼をいただくとともに、**内定直後には一気に8人のご友人をご紹介**くださいました。感謝のお言葉とご厚意はヘッドハンター冥利に尽きるとしか言いようがなく、ご紹介いただいたご友人の方々も次々**「人生の大逆転」**を実現していらっしゃるのには、私自身が誰より嬉しく感じています。

手前味噌で恐縮ではございますが、スポーツの世界にたとえるなら、私は選手としても、監督としても、最高の実績を残していると言えるでしょうか。常に採用側の最新情報、それもホンネの部分の話を聞き、形だけに終わらない真に効果的なアドバイスと、採用側へのきめ細かなフォローは**「日本一」**の称号にふさわしく、誰にも真似のできない高みにあると自負するところです。

1カ月の集中で年収5倍、3000万円超えも夢ではない！

本書は、そんな私が自分の力と経験のすべてを注ぎ込んで書き上げた渾身の1冊であり、皆さんには**書かれた内容と真摯に向き合い、これを信じ、一歩を踏み出すことで、転職そして就職を通じた〝人生大逆転〟を実現していただける**と思います。

ただし、その際に大事にしてほしいのは、**単なるテクニックだけでなく、高い目標を掲げ、**

そこへ向けて自らの意識を高めていくという点。ここをまずしっかりと押さえておかないと、本書がお伝えするノウハウや知恵も十分な爆発力を発揮することができません。

ある程度まで受け身でも、決められたロードマップに沿って技術的な指導を受け、与えられた課題をクリアすれば、自然にゴールへ到達できた受験とは違い、就職・転職では、いかに能動的に動けるかがすべてです。目指すゴールも、そこへ向けて必要な準備も、乗り越えていくべき課題も、あらゆる面で自ら考え、目標を立て、自分の脚で一歩ずつ前進していく意識を持たない限り、望ましい結果はなかなか得られません。プロ中のプロである私がいかに最高のアドバイスと指導をしても、それを真に血肉にできるかは自らの意識次第であり、いかに真摯に取り組むかにかかっているという点を、皆さんにはぜひ自覚してほしい——本書の第1章にあえて「意識編」をフィーチャーしたのはそのためで、最も重要な取り組みの姿勢をどうするかを深掘りしている点は、小手先のノウハウのみに終始している類書との最も大きな違いだと思っています。

最初から、少々歯ごたえのある話をし過ぎたかもしれません。とはいえ、必要以上に不安に思うことはなく、皆さんには本書を頼りに一歩でも踏み出せば、自分自身の中の確実な変化を感じてもらえるでしょう。

事実、学生時代の「就活塾」ではわずか3日、先にも触れたエントリーシートの「ある箇所」

の書き方についてアドバイスしただけで（この点については94ページに詳しく説明していま す）、書類選考さえ連戦連敗だった友人たちが嘘のように通過率をアップし、その多くが人気企業の内定を獲得。のちに本文で触れるように、準備自体はなるべく早くスタートしておくに越したことはないものの、**本気で取り組むならば、どの段階でも遅すぎるということはありません。**

しかも経験者採用の場合、その変化はさらに劇的で、キャンディデイト様ご本人が「やるぞ」と意識を固めてからは平均で1カ月ほど、短い場合には数週間という短い間に人生を180度変える〝大逆転〟が起こる例を、私自身が数限りなく見てきました。もちろん、限られたその期間は自分の全時間、全人生、全精力を「内定獲得」という目的へ集中、1日24時間を何倍にも生きる覚悟で、私からのアドバイスや課題に取り組んでもらう必要はありますが、その先には「倍返し！」の確かな喜びが待っています。

典型的な例が、先ほどM&Aキャピタルパートナーズに内定を決められたとご紹介した、キャンディデイトのTさんです。コロナ禍さなかの2022年にお手伝いをしたTさんは、当時28歳。当時28歳のTさんは、出身大学の偏差値は50前後というMARCHに及ばないランクであり、新卒で入社したのは某地方銀行でした。それが、お仕事で多くの中小企業の事業継承の難しさに直面し、それを支えるのをご自身の生涯の仕事と定め、M&A業界への転身を志望。生涯初めてというほどの強い決意を持って、私どものオフィスを訪ねてくださったのです。

そこでお会いしてみると、個々のスキルにはけっして目立つところはありませんが、こちらが口にした〝人生大逆転〟のひと言に「それです！　自分がやりたいのは」と真剣そのものの表情で涙ながらに食いついてこられる。それを見た私は大きな可能性を感じ、以後の数カ月はご自身のすべて賭けるつもりになること、こちらのアドバイスを信じてくださること、お願いする課題にはとことん挑戦すること……などを約束してもらい、お手伝いを約束しました。

実際、それからのTさんの取り組みは素晴らしく、日々の仕事の時間以外はすべてを内定獲得へ向けて傾注。帰宅後も私が出したアドバイスや課題と真剣に向き合い、例えば面接の録画・録音の練習も奥様を相手に軽く100回以上は実践するなどの努力とともに、私がクライアント企業様との間を繋ぎ、「今日はここと、ここ」や「明日は午前、午後、夕方の3連続で」と指示をする面接ラッシュに、ひと言の弱音も吐かずに挑んでくれました。

結果、私でさえ驚くほどの〝大逆転〟が起こったのです。

面接を受けても受けても内定の出ない日が続く中、最後の最後に業界でも人気度、難度ともにトップのM&Aキャピタルパートナーズからの内定通知！　東京大学出身で三菱商事など超一流企業在籍の強力なライバルが涙を飲む中、学歴も前職もけっして目立たないTさんの勝利は、お手伝いをした私もヘッドハンター冥利に尽きるとしか言いようがありません。年収で前職から一気に5倍の3000万円超えという大飛躍はもちろん、ご自分が生涯を賭けたいと願った仕事をするうえで最高のポジションを、ご本人は何より喜ばれ、現在も同社の最前線で目覚ましい活躍をしています。

Tさんの例は確かに劇的ですが、けっしてまぐれや偶然ではありません。ご本人が高い目標と意識を持ち、それへ向けて真摯に、素直に、精力を傾けたからこその必然であり、同じ姿勢を持つことができれば、誰にでも実現可能なドラマだと言えるでしょう。本書を通じて、皆さんがそんなドラマの主人公になることこそ、私にとって最高の願いなのです。

＊

序章の最後に、ここからの内容を簡単にご紹介しておきましょう。

第1章から第4章は、本書の核となる**「内定を勝ち取る！　48の鉄則」**と銘打って、それぞれ順に**「意識編」「書類編」「面接編」**そして**「極意編」**にまとめてあります。中でも「意識編」を最初に掲げたのは、先ほども書いた理由からであり、皆さんにはここを最初に読んでもらうことで、内定獲得へ向けて土台となる自分の意識をしっかりと育てることができるはずです。

続く「書類編」と「面接編」はいずれもノウハウを中心に書いていますが、そこにはただ「こうしましょう」というだけではなく、そうするべき理由にも詳しく触れることで、他の面にも応用が利く内容を目指しています。そしてまた「極意編」では、就職・転職活動全体を通じて注意すべき事柄について、類書にはない鋭い視点から切り込みました。いずれも、全体を通して読んでもらった後、自分にとって重要な箇所は何度も繰り返してページを開き、内定獲得へ向けて皆さんの血肉にしてほしいことばかりです。それぞれの項目には、冒頭に**就活**そして**転職**という形で新卒の方あるいは経験者の方向けの内容であることを示しており、各項目の末尾には指針となるひと言も添えていますので、あわせてご参考にしてください。

本文の最後、「終章」では少しばかり視点を変え、序章の初めにお尋ねした「幸せ」の意味を再び考えるとともに、私が2022年に訪れたアメリカはシリコンバレーでの見聞も踏まえての提言を綴りました。読者の皆さんが、仕事のこと、就職や転職のこと、そして人生そのものを考えるうえで、お役に立てば幸いです。

さらに、本書には「付録」として、何人かの方とのインタビュー、対談を収録しました。ご登場いただくのは、私自身がヘッドハンターとしてお手伝いをし、めでたく新たな人生を切り拓かれたキャンディデイトの皆さん、そしてヘッドハンターとしての私に大きな示唆を与えてくださった方たちもいらっしゃいます。それぞれの方の貴重な体験に基づいたお話は、あなた自身の就職・転職活動にもおおいに有益なものとなるでしょう。

望むらくは、本書がボロボロになるまで皆さんのそばにあって、内定獲得のその日まで最高の相談相手とならんことを願っています！

第１章

内定を勝ち取る！
48の鉄則
［意識編］

――意識を変えれば
行動が変わり、未来も変わる！

「内定」というゴールへ向けて、逆算せよ!

後に詳細を記載しますが、就職活動においては、「いつ」ではなく、初めの一歩をとにかく早く踏み出すことが重要です。それによって期待できるプラスの面は多々ありますが、特に強調しておきたいのが**「ゴールへ向けて逆算できる」**という点です。

就職へ向けて動こうとした場合、**それへ向けて何を準備し、どれだけ自分の価値を高められるかは、極めて重要な意味と価値を持ちます。**何事も目標を達成するには、それに必要な条件というものがあり、その条件を整えるにはそれなりの経験と時間が求められる。その点は、アドベンチャーゲームなどと同じで、十分なステータスがそろわなければ、なかなか上のステージへ進むことはできません。

就職活動の場合、そのステータスはエントリーシート(新卒採用)、職務経歴書(経験者採用)

に記載できる内容と、ほぼ共通すると考えてもらえばいいでしょう。すなわち**「自分のやってきたこと（過去）」「自分にできること（現在）」**そして**「自分がやりたいこと（未来）」**であり、中でも前の二つは相応の時間をかけ、きちんと積み重ねていかなければ、採用側の目を引くものにはなりません。

例えば私の場合、序章に書いたように大学入学の時点で、就職を人生の大きな目標にするという強い意識があり、その時点で**3年後へ向けてやるべきことは何か？**ということを真剣に考えました。

そこで決めたのが――

①成績において、オールAを獲り、慶應義塾成績優秀者になること
②特技において、スペイン語の全日本弁論大会に出場（全国トップ12以内に入り）すること
③打ち込んだことにおいて、フルマラソン42・195㎞で2時間台完走（サブスリー）を遂げること
④経験において、人気企業5社以上のインターンシップを行うこと、有益なグローバル経験を積むこと

――という具体的な点であり、それを3年後の就職活動の際のエントリーシートに記載するためには、いつ、何を、どのようにするべきか?について、詳細に逆算をすることから始めたのです。

結果は、既に書いたように自分自身に十分満足のいくものとなりましたが、それができたのも、**最初の段階で「内定」というゴールに必要な条件=ステータスを具体的に定め、それを自分のものにするための時間を逆算し、詳細なロードマップを描いたからこそ。**であれば、その「逆算」はできるだけ早いほうが、選択肢も豊富になりますし、それぞれにかける時間も十分に用意できます。

ただし、このロードマップは、ただ頭に思い描いているだけではあまり意味がありません。そうではなく、**そのためのノートを1冊用意して、目指す目標、そこへ至る手順、必要な時間などを自分の手で、しっかり書いておくことが重要**です。そのうえで、書いたことを定期的に見返し、計画通りに進んでいるかを確認するとともに、不十分な点はどうすればうまくいくか、点検と更新をするようにしてください。

私自身は、このノートを〝**夢のエントリーシート**〟と名付けていますが、実際、キャンディデイトの学生さんにも同じことを実践してもらい、大きな成果を得ています。面白いのは、**最初は漠然としていた就職に対する考え方や、目指す企業への志望動機、入社後にやりたいこと**

など、就活全体へのビジョンがどんどん明確になっていくという点で、大学生の皆さんにはぜひ試してもらいたいと思います。

経験者採用の場合は〝**夢の職務経歴書**〟です。希望する企業の内定を得るため、**自分の価値を高めるには日々の仕事で何をし、どんなスキルを身に付け、仕事人生で何を成し遂げたいのかを**、ノートに書く。あるいは、実際に職務経歴書のフォーマットに書いていくのもおすすめで、これを**半年ごと、1年ごとに見直し、点検し、アップデートする**よう心がけましょう。

ただ、困ったことに、これを就活生の方や転職希望の方におすすめすると、しばしば「ノートは買ったものの、書くべきビジョンが見えてこない」という反応が返ってきます。そういう人は、そもそも「ゴール」へ向けて逆算をするという発想ができない、したことがないため、スタート地点で立ち往生してしまうのかもしれません。

ここでの立往生の原因は、いわゆる**「正常性バイアス」**です。「大丈夫、就職なんてまだ先のこと」「今日1日だらだら過ごしても、問題ないさ」と自分で自分を安心させてしまう、この意識の働きは人間のメンタルを過剰なストレスから守る働きもありますが、多くの場合、真実や本当に大切なことから目を背けさせ、根拠のない現状維持、その果てにくる〝ゆでガエル〟状態へと繋がる原因となります。

ならば、この正常性バイアスを脱するにはどうすればいいのでしょう？　ここに、そのための貴重なヒントを与えてくれる、素晴らしい映画があります。タイトルはずばり『**最高の人生の見つけ方**』（**2007年**）というアメリカ映画で、最近は日本でもリメイクされておおいに話題となりました。

ドラマは、余命6カ月の宣告を受けたふたりの男性（ジャック・ニコルソンとモーガン・フリーマンが名演！）、一方は孤独な大富豪、もうひとりは貧乏ながら温かい家庭に恵まれたという、出会わないはずの両者がふとしたきっかけで出会い、ともに死と向き合う中で**10の「人生でやりたいこと」**を叶えるための旅に出るというハートフルストーリーで、私はこれを多くのキャンディデイトの皆さんに観ていただくようにしています。この主人公ふたりを通して強く感じるのは、**人間は死と直面するような特異な状況に置かれて、初めて自分の人生を真剣に考え、本当に大切な価値観と出会える**という点であり、皆さんにもその境地をイメージすることで、目指すべき「ゴール」を掴んでもらえると思うからです。

実際に**「もし、自分が余命半年と言われたら」**という想像は、とんでもなく鮮烈で、自分をおおっている正常性バイアスを突破する大きなチャンスとなるに違いありません。そうすれば、しめたものです。

そこで、すかさず手に取ってほしいのが、こちらも私が愛読する『**7つの習慣**』（**スティー**

ヴン・R・コヴィー著）という本で、皆さんも一度は耳にしたり、書店などで見たことがあるかもしれません（未読の方は、この機会にぜひ！『メモの魔力』（前田裕二著）、『最強の自己分析』（梅田幸子著）なども自己分析に有用でオススメです）。

ここに書かれた「第2の習慣：終わりを思い描くことから始める（Habit2 Begin with the End in Mind）」こそは、まさに私の言う「ゴール」をイメージする作業であり、その最も基本的な応用法は「**人生の最後のイメージ、光景、パラダイム」という大きなスキームや尺度を持って目前の毎日を生きること**にあります。そして今、先に挙げた映画を通じて正常性バイアスのヴェールを取り払った皆さんには、これまでになく鮮明にこれを実践することができるでしょう。

そして、これも同書にある「第3の習慣：最優先事項を優先する（Habit3 Put First Things First）」に従い、**明確に定めたゴールへ向けて「今、何をするべきか」を意識することができれば、目指す価値観に照準を絞った自己管理の道も自然に見えてくる**はずです。いわば〝夢のエントリーシート〟や〝夢の職務経歴書〟を書くための意識革命、土台となる**「ミッション・ステートメント」**すなわち自分だけの憲法、あるいは信条を通じて、夢を具現化し、誰から命令されるわけでもない完全な自由意志で、日々実行するべきことが見えてくるわけです。

本書の冒頭には、その「ミッション・ステートメント」を記してもらうための「夢宣言シート」というページを設けました。皆さんにはまず、これを前にして**「人生や社会でやりたい10のこと」**を書き出すことから始めてみてください。その際は、右に書いたように「ゴール」をギリギリまで明確にイメージし、他ならぬ自分自身の価値観を素直に見つめることです。**死ぬまでにやりきりたいことは何か？ 本当に好きなことは何か？** 裸の心でそれを直視することは、そのまま最高の「自己分析」にもなり、今の自分にできること、できないこと、持っているスキル、足りないスキルなど、自分自身の〝市場価値〟が明確になり、取り組むべき課題もはっきりとするに違いありません。

特に「自己分析」を難しく考えがちで、果てのない自分探しへ迷い込んでしまいがちな現役の就活生の方には、このプロセスを通じて、あたかも映画の主人公のように、楽しく、エキサイティングに人生と向き合う体験をしてもらえると思います。そしてまた、この体験はそれ自体、無為に時間を空費せず、目標へ向けて最も効率のいいアプローチとなっていくことでしょう。

過去・現在・未来を〝夢のエントリーシート〟に書く！

必ず内定を取る！という熱量の強さが成功に繋がる！

夢のエントリーシート、あるいは夢の職務経歴書を書く。その際はぜひとも、**手で、ペンを持って1字1字を記す**ようにしてください。

最近はものを書く場合、もっぱらパソコンのキーボード、そうでなければスマホの画面でフリック入力というのが当たり前になっていますが、文字に込める熱量という点では手書きに遠く及びません。私自身、目標を追いかける際には、その目標をまず、シンプルな言葉にし、それをノートや紙に自分の手で書いていくことから行動を開始します。

例えば、この仕事への一歩を踏み出した時、最初にやったのはノートにひと言**「日本一のヘッドハンターになる！」**と大きく書くことでした。そして――その目標を成し遂げたことは、この本の最初に記した通りです。

この場合、手で書くことが目標達成を実現した理由は、心理学や大脳生理学の面からも確かな説明がつくと思いますが、私としては何よりも**自分の中の熱量を極限まで高めるという部分が大きい**、と考えています。

だからこそ、パソコン、ましてやスマホではなく、手書きで、それも繰り返し繰り返し、毎日毎日、1字1字に精魂を込めて書くのです。

書くだけではなく、**文字となった目標を見つめ直し、自分の心に刻み込みます。**ノートだけではなく、コピー用紙や付箋にも書き、**それを目につく箇所にどんどん貼っていく。**私の部屋には、そうした目標を書いた紙がいたるところに貼ってあり、どちらを向いても目に入ってきます。

就職活動の際は「第一志望群（〇〇、××…）の中から内定必達！」と書きました。

仕事を始めた時は「日本一のヘッドハンターになる！」と貼りました。

そして今、部屋はもちろんのこと、パソコンの筐体、手帳の表紙、名刺入れ、アタッシュケースなど、身の回りのものすべてに「（個人資産）達成〇〇億円」と書いたシールを貼り、スマホの待ち受けにも同じ文字が躍っています。

皆さんに、そこまでしろと言うつもりはありません（友だちを自宅に呼びにくくなります笑)。ただ、新卒採用にしろ経験者採用にしろ、**目標や夢というのは何よりも本人の内部に燃える熱量が実現への原動力になる**ということを、ぜひわかってもらいたいのです。

熱量は、強ければ強いほど、自分自身の目標達成のビジョンが明確になります。目標に対して徹底的に没入する、寝ても覚めてもそのことを考え、血管の細部まで〝**血走る**〟ほどにのめり込まない限り、夢はなかなか実現するものではありません。

明確なビジョンは自ずと成功へのイメージも明確にし、「うまくいかなかったら」という失敗のイメージ(これこそ、成功をはばむ〝内なる敵〟です)に押しつぶされる心配もなくなります。

成功を収めるには、この本でご紹介するような具体的ノウハウを身に付けることも大切でしょう。でも、それ以上に大きいのは、**目標へ向けて魂が入るかどうか**という点です。それによって、**学歴や持って生まれた才能、キャリアの壁を突破することはけっして不可能ではありません**し、その点は日本一のヘッドハンターとして数限りない事例(序章でご紹介したTさんも、そのひとりです)を目の当たりにしてきた私が、誰よりもよく知っています。

学生さんであれば大学入学からの約3年、経験者の方であればもっと短い期間かもしれません。長い一生の限られた時間を、ご自身の人生大逆転のために熱く血走ってみませんか?

“血走る”までのめり込めば、目標に魂が入る！

〝常在戦場〟すべてが採用に繋がっている！

就職活動において目標へ**〝魂が入る〟**と、自分でも驚くほどに意識、そして行動が変わってきます。具体的には、目覚めている時間のすべてが、内定獲得へ向けた望ましい行いへと繋がっていく――いわば**〝常在戦場〟**の態勢が自然に身に付くようになるのです。

典型的な例が、面接における立ち居振る舞いです。例えば、キャンディデイト様はしばしば「30分間の面接、とにかく全力でやってきます」と口にしますが、そこには大きな勘違いがあるのをいつも感じます。

これが受験などのペーパーテストというなら、確かに問題に向き合う1時間なりに全力を尽くせばいいでしょうが、**就職活動というのはあらゆる面での〝可能性〟を問われるイベント**であり、面接一つをとっても限られた時間だけ集中するという意識でいては、けっしてうまくいきません。

というのも、採用側では面接の最中は当然のこと、待合室で待っている間の振る舞い、面接会場を退出する際のちょっとした表情など、**相手のすべてを注意深く観察し、採否のための判断材料とするのが常識**だからです。すなわち、建物の入り口をくぐり、エレベーターで先方のオフィスへ向かう時から、終了後に社屋を出るまで、皆さんは自分の可能性を問われている。そのことを、忘れるべきではありません。

仮に面接での発言や応対がうまくいったとして、待合室でふんぞり返って座っていたり、落ち着きなくキョロキョロしたり、面接会場へ案内してくれる若手社員に横柄な態度をとったりしたら……それを見た採用側の印象は、確実にマイナスになります。逆に、待合室の床や会場へ向かう廊下に紙クズが落ちているのをさりげなく拾ったり、集団面接の際に出された飲み物を自然な態度で周囲の人へ配ったりするのを、採用の担当者は心の中で「ほう」と前向きに評価するでしょう。

誤解しないでほしいのは、私は何も「わざとらしく気を遣え」などと言っているのではなく、**内定候補者として常に可能性を問われているという点を意識すべき、**と伝えたいのです。

例えば、面接の際はさすがに気を付けていても、それが会社説明会やセミナーとなると、ぞんざいな振る舞いが出たり、不真面目な態度になったりする人はとたんに多くなるもの。そんな時、主催者側が「このセミナーは選考には関係ありません」と言ったとしても、鵜呑みにするべきではありません。

これは、ヘッドハンターである私が多くのクライアント様からうかがった話ですが、**企業にとって「どれだけ価値のある採用をするか」は、自社の未来がかかった最重要のプロジェクト**であり、採用担当者の皆さんは目の前の人をあらゆる面でチェックしようと常に意識しています。

その意味で、本番の面接はけっしてゼロベースのスタートラインではなく、**採用側との接触機会はそのすべてが可能性を評価される場**だと捉えるべきでしょう。人事担当者の方たちは、人を見て、判断をするプロフェッショナルであり、付け焼き刃の対応などでその鋭いまなざしをごまかすことは、絶対にできません。

同じことはまた、皆さんの内定獲得のお手伝いをする立場の私にも、当てはまります。数多くのキャンディデイト様の中には、メールのアドバイスへの反応が遅かったり、面談の日程調整もルーズだったり、面接官の前とはまるで違う横柄な態度をとる方がごくたまにいますが、不肖私も人を見るプロとしてひとかどの見識を持っており、「ああ、この人はこういう態度をとるんだな」という判断は採用の結果と一致する場合がほとんどです。

一事が万事という言い方は、新卒採用や経験者採用の際にも確実に当てはまるもの。**内定獲得の目標へ向けて魂を入れ、常在戦場の態勢で行動すべき**だというのは、そういうことです。

あらゆる点が見られ、評価されていると心得よ！

刺激し合い、支え合う「旅の仲間」を見つけよう！
——〝意識の高い仲間〟を持つシンプルな理由①

序章でも強調したように、就職活動の成否は、**「高い目標を掲げ、そこへ向けて自らの意識を高めていく」**ことができるかにもかかっています。

そこで皆さんに今すぐやってほしいのが、ここに挙げた**〝意識の高い仲間〟**をつくるということなのですが、そもそも、なぜ就職活動に仲間が必要なのでしょう？

「就活は自分でやるものだし、仲間なんて必要ないでしょ」

「少ない椅子を奪い合う転職において、自分以外はすべてが敵！」

残念ながら、どちらも間違い。もし、あなたがそう考えているとしたら、就職活動はけっしてうまくいかないでしょう。

就職活動というのは、いたる所に山あり谷あり、内定に至るルートも一般道、抜け道、さらにケモノ道ありと、アドベンチャーゲームさながらの〝**大冒険**〟です。そうした冒険の旅をひとり、孤独に、とぼとぼと進んでいくことは、意欲、情報、チャンス……あらゆる面で「損」なやり方。

気力が続かず落伍したり、進むべき道を見失って遭難したり、目指すゴール自体を間違えたり、不本意なままゲームオーバーという結果は100％見えています。

これがゲームなら、何度でもリスタートができますが、就職活動という人生の大イベントではそう都合よくはいきません。だからこそ、皆さんには「**善き旅の仲間**」が必要なのです。

〝意識の高い仲間〟を持つべき理由はシンプルです。

①意識の高い仲間の刺激で、挑戦への意欲をかき立てられる
②意識の高い仲間を通して、真に価値ある情報を得られる
③意識の高い仲間とともに、一つ上のステージへ進める

この項では①について――これは特に新卒採用を目指す現役の学生さんに言っておきたいこ

とですが、**就職活動は皆さんが過去に経験してきた受験勉強、その後の大学生活とは、まったく違います。**

受験勉強なら、授業を聞き、参考書や問題集を読み、解いていけばそれなりの実力がつき、ペーパーテストで合格点がとれればOKなわけで、いわばゴールが明確な一本道。でも**就職では、何を、どう準備し、何を、どうすればいいか、誰も教えてくれません。**そもそも、どこを目指し、いつから行動を開始し、どこで終わりにすればいいか、そんな基本的なことさえ明確ではありません。

目標も見えず、手段もわからず、緊急の必要に迫られない時、人は残念ながらそこへ向けた意思や意欲を持てず、歩み出すことができないものです。

「(どこを目指せばいいかわからないから) みんなと同じ方へ進む」

「(何をすればいいかわからないから) 特別なことはしない」

「(いつ始めればいいかわからないから) まだ大丈夫」

結果、そんなふうに流されてしまう人たちがほとんどですが、それで自分の思うような就職ができるほど、世の中は甘くありません。

実際、私の場合も序章にも書いたように大学へ入った時点、入学式のその日から就職を最大の目標に置いていましたが、周囲は誰もがそんなことは意識せず（しないかのように？）、日々、人生のモラトリアムを謳歌しています。そんな中、「とにかく何かしなければ」と大学の校友会である「三田会」を始め、就職に関するセミナーや勉強会を見つけてはすすんで参加し、卒業生や就活真っただ中の3年生、さらには世代の違う社会人の方たちと、ひたすら会って、話をする機会をつくりました。

そこで会ったのが、当時同級生で、大学1年の春から目的意識を持って励んでいた早稲田大学のM君です。正直、自分と同じような人がいるとは思わなかったので、これは嬉しい驚きでした。それからは、お互いに「来週、こういう会がある」「こんな人が来るらしい」と誘い合ったり、知り合った人を紹介し合ったりなど、**就職という人生の一大アドベンチャーをともに歩く「旅の仲間」**になったのです。

しかも素晴らしいことに、歩き始めると同じような〝意識の高い〟人たちはそこここにいることがわかりました。そうして「旅の仲間」は少しずつ増え、やがて数人のパーティーとなり、時に競い合い、また励まし合って就職活動に挑戦することになります。**そんな仲間の存在は、私にとって、どれほど刺激になり、心の糧になってくれたかわかりません。**

就活の中でうまくいかないことがあり、目標やそこに向けて歩き続ける意欲を失いかけた時、「M君がまた一つ、内定を取ったらしい」と聞いたり、別の仲間が難関企業へ挑戦しているのを知らされたり、そのたびに折れかけた私の心は励まされ、**「負けていられない、自分もやるぞ！」**とそのたびに闘志をかき立てられました。それはみんなも同じだったようで、私たちのパーティーは全員が各分野で目指す企業への内定を獲得。とりわけM君と私は、それぞれ早稲田と慶應の〝**就活の鬼**〟とまで言われる存在になります。

新卒採用時の話ばかりをしましたが、その点は経験者採用＝転職もまったく同じで、私が知っているだけでも、交流会などを通じ〝意識の高い仲間〟とめぐり会ったのがきっかけとなり、転職へと踏み出したキャンディデイト様は枚挙にいとまがありません。

実際、経験者採用を募る企業様では多くの場合、用意された椅子が一つということはなく、ともに励まし合い、切磋琢磨し合った仲間同士がそろって内定を獲得するというのは、しばしばある話です。

世の中には**「自分の周囲5人の平均が自分になる」**という言葉がありますが、それは新卒採用、経験者採用を問わず、就職活動全般に当てはまること。**働く会社、付き合う人々、得られる年収、拓ける未来……すべては、皆さん自身が選んだ仲間によって決まります。**

そのためにも、まずは〝意識の高い仲間〟とめぐり会う機会を見つけることから始めてください。例えば慶應義塾大学の「三田会」に限らず、ほとんどの大学には校友会という社会へ向けて開かれた場があり、これは就活を目指す学生さんにも、経験者採用を考える転職志望の方にも、初めの一歩としておすすめです。

まずは、校友会のスケジュールをチェック！

真に価値ある情報こそを、取りにいけ！

――〝意識の高い仲間〟を持つシンプルな理由②

続いては〝意識の高い仲間〟を持つ理由、その②の**「真に価値ある情報を得られる」**についてお話ししましょう。

新卒採用でも経験者採用でも、就職活動というのは皆さんの人生を左右する文字通りの**「戦い」**です。そして、それが戦いである以上、**勝利へ向けての最も重要な要素の一つが「情報」**である点は言うまでもありません。

自分の行きたい企業についてとことん知っておくことは、例えば戦国武将がこれから攻めようとする相手の城について、地形、防御、補給路、守備の陣容……とあらゆる面を徹底的に調べるのと同じで、戦いの勝敗すなわち採否を左右する大きな分かれ目となります。

こう言うと、皆さんは「そんなこと、わかっている」と不満に思うかもしれません。でも、**「わかっている」と、正しく「やっている」の間には天と地ほどの違いがあります。**実際、私が就活中の学生さんにその点を質問すると、ほぼ100％の確率で「ネットを検索して、志望する会社の情報を収集しています」という答えが返ってきます。でも、残念ながら、そんなやり方では採用へと繋がる**「真に価値ある情報」**には、けっしてたどり着けないでしょう。

企業のHPを隅々まで読み、あるいは人事、広報、経営陣からの各種SNS発信をこまめにチェックする——そうした情報の集め方は、もちろん必要です。でも残念ながら、それは誰もがやっている凡庸なやり方と言うしかありません。

情報というのは、それを知っている人が多くなるだけ、その価値はどうしようもなく下がっていくもの。そう考えると、**誰もが指先をちょっと動かすだけで入手できるような情報はもはや鮮度が落ち、冷めきった「常識」に過ぎない**のです。

では、ここで言う**「真に価値ある情報」**はどんなもので、どこならば見つかるのでしょう？

「真に価値ある情報」とは、例えば**「○○では、**△△**大学限定のセミナーを×日に開催予定」**や**「○○は、内定にインターンシップ参加は必須」**など、企業ごとの採用計画や選考における具体的方針、いわば採用側のホンネです。そこには、企業として大きい声では言いにくい出身校ごとの採用枠、あるいは選考の前倒し（フライング）といった一種の〝大人の事情〟があり、その点を理解しておかない限りは当の情報には簡単に触れることができません。当然、それらはネット上にはほぼ非公開であり、ごく一部の限られた人々、すなわちその発信源に間近に接近した人の間だけに、アナログな〝クチコミ〟に近いかたちで流通します。

具体的には、実際に当該企業でインターンシップをしていたり、OB訪問を熱心に繰り返したり、その会社が主催する採用向けセミナーに頻繁に顔を出したり、そうしたリアルな活動の中でヒョイと飛び出してくる――いわば、**情報のほうがそれを掴む相手を選ぶ**のであり、**そこに実際にいた人だけが触れられる**わけです。その点は、ネット環境が爆発的に進化した今日も、少しも変わることはないばかりか、企業側によるデリケートな情報管理もあって、いよいよそうした傾向が強まっていると私は見ています。また、学生の利用者の多いオープンチャット等のSNSは便利ですが、おそらくご存じの通り、嘘やデタラメの情報も混在し、見極める力も必要です。

であれば、皆さんはどうするべきか？　答えは簡単、そうしたフレッシュでホットな情報が集まる場へ行き、そのサークルに加わることです。そしてそれには、ここに挙げる**〝意識の高い仲間〟**以上にうってつけの存在はありません。実際、私自身もかつての就職活動の際、前に挙げたM君を始めとする仲間たちから貴重な情報を教えられ、またこちらからも提供したことが、難関とされた多数の企業から内定をもらう大きな力になりました。

読者の皆さんの中には「そんな貴重な情報なら、独り占めする人が多いのでは？」と思う方もいるかもしれませんが、情報というのはGive&Takeでなければけっして集まらず、意識の高い人ほど〝仲間〟への出し惜しみはしないものです。しかも積極的に活動するうちには、自分の志望する企業以外の貴重な情報も自然と集まってきますので、それを本当に必要としている仲間に教えるなど、**情報は情報を呼んでそれぞれの価値もどんどん高まっていきます。**

経験者採用の場合、これらのホンネ情報が持つ価値は一層高くなるという点は、あらためて言うまでもないでしょう。新卒時の就職活動に比べて、小規模、随時、クローズドな性格の強い経験者採用では、チャンスに繋がるニュースに触れられるかどうかは、まさに死命を制する大問題。だからこそ、強力な頼れるヘッドハンターを仲間にしてもいいですし、**仲間同士、ライバル同士、意識の高い人と互いを刺激し合う中で、貴重な情報を共有し、交換し合うことが何より大切**になるのです。

ライバル同士、Give&Takeできる情報にこそ価値がある！

そこそこの満足に安住せず、一つ上を目指し続ける！
――〝意識の高い仲間〟を持つシンプルな理由③

〝意識の高い仲間〟を持つことの意味、今度は③の「**一つ上のステージへ進める**」について考えてみましょう。

前にも書いたように、そもそも明確なゴールの存在が見えにくい就職活動や転職活動の場合、人間はしばしば楽な方向へ流され、そこそこの結果で満足してしまいがちです。

「とりあえず世間的に知られた会社の内定もとれたし、まあいいだろう」

「高望みをしなくても、これで十分」

「就活（あるいは転職活動）、これにて終了！」

実際、世間にはそうした就活、転職で満足してしまっている人は数限りなくいます。

でも、本当にそれでいいのでしょうか？　文字通り人生を左右する就職活動を、そこそこの満足で終えてしまうというのは、私から見ると何とももったいない話に思えます。

私は別に「就職志望ベスト10に入る企業へ行くべき」とか「年収数千万アップの転職を目指せ」と言いたいのではありません。年収については確かに大きな要素ではありますし、とりわけ経験者採用においては無視できないところがありますが、**それより何より重要なのは、自分自身が「本当にこの会社で働きたい」と思える企業に入るということ。**その点で、メディアなどに登場する人気企業のランク付けなどは、ほとんど意味がないと思っています（これについては228ページで詳しく触れます）。

ただ、間違いなく言えるのは、**「まあいいだろう」という程度の考えで決めた就職や転職は、しょせんそれまでの価値しかなく、その後の人生もまたけっして満足のいくものにはならない**という点。そんな後悔をしないためにも、就活や転職では常に自分自身に**「本当にこの会社でいいのか？」**を問い、自分自身で真に納得できる境地を目指すべきです。

単に人よりいい点数をとれば良かった受験などとは違い、採用というのは自分の努力がなかなか報われなかったり、思いがけない原因で失敗したりすることも少なくありません。そうした時、**そこそこのレベルで妥協をせず、前へ進む気力を与えてくれる善きライバルの存在は本**

当に貴重です。

「彼（彼女）も頑張っている、こんなところで心折れていられない」——そんな気持ちに駆り立ててくれる仲間は、あなたを必ず一つ上のステージへ引き上げてくれます。

それだけではありません。これは特に経験者採用を目指す方に言えることですが、日々の仕事に追われるビジネスパーソンの場合、どうしてもインプットがおろそかになり、勉強も差しあたって必要なスキルやノウハウの取得に偏るきらいがあります。そんな時、同じく転職を目指す仲間同士、「こんな本がためになった」とか「こんなセミナーがある」など、互いに刺激し合う場があるのは本当にありがたいことです。

一方、仲間というのは選び方を間違えると、まったく逆の結果を招くことも忘れてはいけません。すなわち、**自分を引き上げる力になるどころか、下へ下へと足を引っ張る存在になりうる場合がある**のです。

人は自分が不安な時など、それを忘れさせてくれる、見ないで済ませてくれる仲間を求め、その中に自分を置くことで、少しでも安心しようとします。学生さんの場合なら、目前に迫る就職活動のプレッシャーから自分をごまかそうと、「まだ大丈夫だよ」と互いに言い合ったり、やるべきことから目を背けて日々を無為に送ったり。中途採用では「何も無理して転職しなくても」「ここで十分でしょ」と、お互いを慰め合ったり……。
そうした仲間に囲まれていては、少しでも上を目指すなどという気持ちにはなれないでしょう。その結果、待っているのは準備や戦略もないまま流されるように決めた、そこそこの会社での不本意な仕事人生です。

山あり谷ありの就職活動における善き仲間とは、生ぬるい時間を分け合う馴れ合いの関係ではなく、互いに切磋琢磨する厳しさにこそ価値があるもの。実際、あるキャンディデイト様は、転職セミナーの場で同じ企業のブースで隣り合ったのをきっかけに、その相手に負けまいと激しく意識し合い、そろって内定を獲得しました。
皆さんもぜひ、そんな素晴らしい**「意識の高い仲間」**を見つけてください。

下へ下へ、引っ張ろうとする人々に引っ張られるな!

自分の脚で動き、見聞きした生の体験だけがカギになる！

「情報」とは志望する企業の内定を得るうえで最も重要な要素の一つ。それと同時に、**自分自身の視野を広げる**という点でも、おおいに役に立ちます。

人間は、乏しい情報しか持たない状況では、ものの見方も限られて、自分の目の前に実に多様な選択肢がある点に気付くことができません。例えば、経験者採用の場合、最初にお会いした時に「志望はM&A業界、中でもM&Aキャピタルパートナーズです」、あるいは「コンサル業界でボストンコンサルティング（BCG）に行きたいと思っています」など特定の業界や企業をピンポイントで挙げる方が、実に多くいらっしゃいます。

もちろん、M&Aキャピタルパートナーズ様にしても、ボストンコンサルティング（BCG）様にしても、私自身これまでに何人もの方を推薦してきたクライアント様であり、それぞれの業界で誰もが「行きたい」と熱望する超人気企業であるのは、今さら言うまでもありません。私としても、キャンディデイト様のご希望が叶うよう、全力でお手伝いをするのが使命だと思っています。ただ、そのためには**ご本人がそれらの企業へ、本当に「行きたい」と思い、そこで働く意味を十分に理解しているか、という基本的な部分をしっかりと持っていることが前提**です。お手伝いをする私の立場として、当然そこを繰り返し確認しますが、しっかりとしたお答えを得られることはめったにありません。

実際、挙げられる最も多い志望理由は「年収が高い」と「人気がある」という二つで、業界にしても「自分のキャリアが活かせる」とか「経験のない業界は避けたい」など、限られた見方、ふわっとした考え方が多いのにはびっくりするばかりです。それでは超人気の企業ならずとも、志望理由が徹底的に問われる経験者採用（もちろん新卒採用も）活動での内定獲得など、まず覚束ないでしょう。

そうした場合、多くの方が情報源にしているのは、せいぜいネットや日本経済新聞、テレビのビジネス系ニュース、あるいは各種のランキング、さらには同僚のウワサ、親の意見などといったところでしょう。要は**誰かが調べた、誰かがまとめた、誰でも検索可能な情報や古くなったニュース、あるいはメディアによってつくられた世間の評価や曖昧なイメージに引きずられ、実に視野の狭い状況に陥っているの**です。そうではなく、**自分自身の脚で歩き、目で見て、耳**

で聞いた生の情報をどれだけ多く集められるか――それこそが就活や転職における厳しい戦いを勝ち抜く〝カギ〟であることを、皆さんには常に肝に銘じてほしいと思います。

例えば、金融業界を志望する場合、**自分が行きたい企業の情報だけを集めるのではなく、違う業界の様々な企業について幅広く知っておく**。金融というのは、実に多種多様な業界・業種と資金の流れで繋がっており、特に経験者採用の場合などは選考の際にそうした点を突っ込んで質問されるケースが少なくありません。そんな時に、狭い視野、限られた業界のことしか知らない人と、あらゆる業界におけるホットな情報を知っている人では、どちらが選ばれるかは火を見るより明らかでしょう。

こうした状況は、業界・業種の壁がなくなった現在、どの企業にも当てはまりますし、予見を持たず、とにかく貪欲に情報を取りにいくことが大切です。それによって、初めは曖昧だった志望動機もどんどんと〝肉付け〟されて説得力を増していきますし、時には最初に「行きたい」と思っていた企業から、別の企業へと志望先が変わる――極端な場合、志望順位リストの1位と10位が入れ替わることさえ珍しくありません。

ならば、生の情報を集めるため、具体的にどうすればいいのでしょうか？　答えは簡単、**企業や業界が主催する様々なセミナーや勉強会への参加はもちろん、一見、就職活動に関係がな**

いように思える集まりにも、積極的に参加してみることです。

私の場合で言えば、学生時代にスペイン語しか話せないペルー人の友達と出会って、スペイン語を独学で学び始め、その後自己啓発の為にやっていたフラワーアレンジメントの教室でアルゼンチン人の先生と出会い、その方から得意だったスペイン語をさらに磨いたことがインターナショナルな視野へ繋がり、ひいては面接の際の大きなアピールポイントにもなりました。

人の集まる場所には、情報もまた集まる。これは、真理です。昨年行ったシリコンバレーでは、世界のネット産業を牽引する彼の地にあって、何よりも対面での情報が重視されているのに驚かされました。街のあちこちに業界の人々が多く集まる、レッドロックカフェなどの有名なカフェがあり、ランチに、ディナーに、各種の契約やメディア発表に、顔を合わせては様々な話を交わす中で、明日の世界を変える多様なビジネスの種が次々生まれていく。私自身その場に立ち、生の情報だけが持つ価値と魅力をまざまざと感じたものです。

フレッシュでホット、幅広い情報と接することで、皆さんの視野は広がり、広がった視野で、就職活動へ向けての意識と行動は確実に変わります。

ネットに頼らず、体験で視野を広げるべし！

初めの一歩を踏み出すなら、できるだけ早く!

ヘッドハンターという仕事をやっていると、しばしば同じ質問をされることがあります。それは、経験者の方からの「転職活動をする場合、いつから動くのが正解ですか?」という質問で、学生さんからも同じように「就活は、いつから始めるべきですか?」と尋ねられることが少なくありません。

そうした場合、私はずばり**「〝いつ〟という正解はなく、とにかく早く始めること」**と答えるようにしています。理由は実にシンプルで、**経験者採用にせよ新卒採用にせよ、ゴールが決まっているのなら、スタートを早くするに越したことはない、というのが明白な事実**だからです。

ただし、それは「ビジネスパーソンたるもの、常に転職のことを考えておくべき」とか「大学に入ったら遊ぶことなど一切考えず、ひたすら就職のことだけに集中しなさい」という意味ではありません。そうではなく、**「初めの一歩は、できるだけ早く」**ということです。

皆さんは**「仕事に手をつけられたら、それだけで半分完成したようなものだ」**というギリシアの古いことわざをご存じでしょうか？　就職活動や転職活動もまさにその通りで、それへ向けてとにかく意識のスイッチを早めに入れておく――それが、のちのち大きな違いをもたらすものです。ゴルフをするならまずクラブを手に入れ、勉強するならとにかくノートを開くのと同様、何かをやろうとする場合、最初の行動をとらない限り、ことが進むことはありません。

経験者採用の場合で言えば、具体的なタイミングは決めていなくても、**転職への準備をしておくことが様々なメリットに繋がります。**

例えば、各種の転職セミナーや勉強会、先に挙げた出身大学の交流会などに参加してみる。そこで接する生の情報は「転職とは何か？」についてのビジョンを明確にし、どんな意識と行動が必要なのか、準備はどのように進めるべきか、などの面で貴重なヒントになります。あるいはまた、前に述べた「旅の仲間」にめぐり会うチャンスに恵まれるかもしれません。

それらは皆さんを**意識の高い、転職市場で価値のある人材へと変えるチャンスとなる**ばかりか、**情報や知識のインプット、幅広い人脈との接触などにより、現在ただ今の仕事に少なから**

ず役立つという、嬉しい〝おまけ〟までついてくるのです。そう考えれば、具体的な「転職」には慎重でいいとしても、**「転職活動」にはプラスの面ばかりが期待できる**わけで、一歩を踏み出すのに迷う必要はどこにもないでしょう。

実際に転職を意識し、時間を見つけて活動を始めると、それまでは転職など頭になかったり、「そのうち」「いつか」と漠然と考えていた人も、**「思い切ってやってみよう」「来年までには転職しよう」**などと、自分でも驚くような変化が生まれることは少なくありません。すると次には、もう一歩を踏み出して特定の会社の情報を熱心に収集したり、機会に恵まれて面接を受けたり、現実に行動を起こすきっかけにも繋がります。

そして、ここが重要なところですが、**実際に動いたなら、仮に面接でうまくいかなくてもいいのです。**その経験は、次の機会に向けた貴重な教訓になりますし、本当に自分が行きたい会社を見つけるための〝鑑定眼〟も養えます。

皆さんもご承知のように、かつての日本企業では常識だった終身雇用も完全に過去のものとなり、誰にとっても転職を考えざるを得ない、避けて通ることのできないのが現実。しかもプロとしての私が見る限り、建て前はどうかは別として、企業にもよりますが、多くの企業様が、できるだけ若い人材が欲しいと本音では思っています。なかなか言いにくい本音も、ヘッドハンターには伝えるというのが暗黙の了解となっています。であれば、いざという場面であわてて動き出すよりも、日常の中で無理なく意識を醸成しておくほうがいいのは間違いありません。

学生さんにとっての就職活動では、その点はさらに顕著です。随時のチャンスがある経験者採用とは違い、新卒での就職は生涯にただ一度しかありませんし、3年になればいやでも直面しなければなりません。しかも、全員が経験値ゼロということであれば、少しでも早い時期にスイッチだけは入れて、コツコツと動き始めること。そのほうが、意識や見識、体験など、あらゆる面で確実に有利です。反対に、1年、2年、3年に入っても、やるべき就職活動から目をそらしたままで、追い込まれて初めて動くというのでは、思うような結果はけっして期待できないでしょう。

最初に書いた、私が**「とにかく早く始めること」**という意味は、まさにここにあります。新卒採用でも経験者採用でも、**就職活動においては「いつ?」ではなく「いつでも」という気持ちを持つ**——そうすれば、進むべき道は自ずと見えてくるはずです。

「いつ?」ではなく、「いつでも」やって損はなし!

優秀なのに〝残念な人〟と言われないために！

新卒採用でも経験者採用でも、**卒業した大学、すなわち学歴や偏差値というのは、確実に重視されます。**

最近は、そうした点をいっさい問わない募集をうたう会社も多くなり、内定志望者の皆さんにもそのように考える向きがあるようですが、ヘッドハンターとして企業様のホンネの声に接する私からすると、**あくまで評価における学歴の比重が少し変わっただけ**であり、東大・京大や慶應・早稲田、それに続くMARCH（明治・青山学院・立教・中央・法政）といった大学には、少なからぬアドバンテージがある企業が多いのが正直なところ。以前のように求人票さえ送られてこない大学というのは、タテマエとしては少なくなっているものの、選考の段階で格差が生じるのは避けられないと知っておくべきでしょう。

一方、右に挙げたような**ブランド大学を出ていれば、就職活動も思いのままかと言うと、けっしてそうではありません。**

厳しい受験戦争を懸命に勝ち抜き、希望する大学へめでたく入学したにもかかわらず、人生を決める最も大切な就職の段階で思ったような結果を出せない。そうした状況を逆転しようと経験者採用に望みを繋いだのに、やはりうまくいかずに不本意な仕事人生を送っている人は、皆さんが考えているよりも遥かにたくさんいるものです。

では、そうした人たちは、どんな「しくじり」をしてしまったのでしょうか？　答えはずばり、新卒採用に際しても、その後の経験者採用に際しても、本気で臨んでいなかったという点にある、と私は数多くの事例から判断しています。

何年もの時間をかけ、遊びたいのも我慢し、必死で勉強をして勝ち得たブランド大学の合格――であれば「もう安心」と、気を緩めてしまうのもやむを得ないでしょう。しかしながら、ひたすら目前の問題を解き、点数をとればＯＫだった受験と、その人自身の幅広い〝可能性〟を問われる就職活動とでは、乗り越えるうえでの考え方やとるべき行動に大きな違いがあります。

にもかかわらず、ブランド大学のアドバンテージのみを信じている人の中には、その違いになかなか気付くことができず、十分な対策をしないまま本番に臨んでしまうケースが驚くほどあるのです。実際、私自身が多くの面接担当の方から直接うかがったところでは、「ああ、この人はとても優秀なんだろうけれど、明らかに面接の対策ができていないな」という、東大・京大や有名私大の出身者が少なくないといいます。

もともとの才能に加え、高偏差値の大学へ入るための真面目な努力もし、結果を出しているのに、肝心の就職活動に際してさしたる対策もせず、よくわからないまま「なんとなく」やってしまい、それまでの努力が報われない結果になる。マラソンにたとえるなら、42・195kmの最後の1kmでいきなり後続に抜かれてしまうようなものではないでしょうか。実に残念で、もったいない話です。

仮に、そうした人が少しでも早い段階で、就職活動には対策が必要ということに気付いたとしたら、事態はまったく違ってくるでしょう。地頭において優れ、努力も十分にできる人たちだけに、対策という面でも抜かりなく、かかる時間にしても受験よりずっと効率のいいパフォーマンスが期待できるはずです。

その点で、内定獲得のための方程式は**「素材×熱意」**というかたちで表せるかもしれません。実際、出身大学を含めた素材が5の人と1の人がいたとして、対策や準備などの熱意の面では逆に1対10だとしたら、面接担当者はほとんどの場合に後の方の人へと内定を出すでしょう。

企業様の採用担当の方からは、しばしば「素材としてもったいない人に、半沢さんみたいな優秀なアドバイザーがいれば、私たちの評価もガラリと変わるんでしょうけど」という、ヘッドハンター冥利に尽きるお言葉をいただきます。この本に綴った内容が、そのための役に立ってほしいと切に願うばかりです。

内定獲得への方程式は「素材×熱意」なり!

素直さは〝人生逆転〟への切り札となる！

就職活動へ向けて〝魂が入る〟タイプの人、熱意の面で素晴らしいパフォーマンスを上げられる人には、必ずと言っていいほど共通する性格があります。

それは、**とにかく素直である**という点です。

素直な人は、私が何らかのアドバイスをした場合なども、とにかくこちらを信じてトライすることをためらいません。「それって本当？」などと疑問を持ったり、効果のほどをあれこれ推測したりせず、**「よし、やってみよう！」**と即座に行動に移せるため、成長や変化が表れるのもあっという間です。

これも、序章でご紹介したTさんのケースですが、初めての面談の際に**「転職で人生を変え**

ましょう」という こちらの言葉に、本当に素直に心を開いてくださいました。その後は、およそ3カ月の間、私がアドバイスする内容をひたすら信じて実行し、夜遅くまで勉強をし、面接のシミュレーション練習などは、奥様を相手になんと100回以上もされたといいます。

私の見るところ、難関中の難関であるM&Aキャピタルパートナーズへの転職という人生大逆転を成功させたのも、そうしたTさんならではの素直さがあったからこそのこと。一方、学歴や職務経歴がピカピカでも、アドバイスに素直に耳を傾けず、間違った方向へ我流の対策を押し通す方だと、うまくいくはずの話もまとまりません。

素直さがもたらすメリットは、選考の本番でも思わぬ効果を発揮します。

例えば面接の場で「パレート最適とは何か、知っていますか？」などと質問をされ、たまたまそれを知らなかった場合に、皆さんはどうするでしょうか？

こんな時、知らないことをごまかそうとしたり、考え込んでしまったり、パニックになったりするのはNGです。なぜなら、こうした場合の面接担当者は、**知識の有無よりも、ピンチへの対処や性格の強さの面を見ている場合が多い**からで、ここはあくまで素直に**「不勉強でわかりません」と答えるのが正しい対処**と言えます。

特に、最近多くなったオンライン面接の際など、「わかりません」と言うのが怖くて手元のスマホで〝カンニング〟をするケースも多くなっていると聞きますが、相手は人を見るプロであり、即座に見破られるのがオチでしょう。そう言えば、ある面接担当の方からは**「ありがとうございます」「申し訳ありません」「教えてください」**の3つを素直に言える人が、入社してからの成長も大きいという興味深いお話も聞きました。

少し意味は違うかもしれませんが、こんな話もあります。

私の友人で、こちらもコンサルティング企業の最高峰であるマッキンゼー・アンド・カンパニーの面接を受けた男性がいました。体育会出身の彼は、競技の面でこそ世界大会へ出るほどでしたが、面接対策ということはおよそ考えず、怒涛のケース面接に対しても見当違いの解答を連発。それでも一向にめげることなく、堂々としていた点が評価されて見事内定を手にしました。後から聞いた話では、飛び抜けたメンタルのタフネスに面接担当者が〝伸びしろ〟を見てくれたということです。

同じ意味で、先ほどの**素直さというのも、見る人が見れば立派な〝伸びしろ〟と映る**でしょう。ひたすら正解だけを求め、100点をとることが価値を持つ受験とは違い、就職活動ではそうした「ミラクル」も十分に起こります。

人は、自分を実際よりも大きく見せたい、よく見せたいと考えがちで、特に面接の場などでは、そうした気持ちが強く働くもの。しかし、それによって無用な緊張を呼び、かえって失敗を招いたのでは意味がありません。

ギリギリの場面では、素直でおおらかなことのほうがよほど輝く宝になる――皆さんにはぜひ、その点を忘れないでほしいと思います。

無理をして失敗するより〝伸びしろ〟を見せる！

自分の市場価値を過不足なく見極める！

意識編の最後は、30代半ば以上の皆さんには少し厳しい話になるかもしれません。経験者採用を考える際に、**まずは自分が思う市場価値と、実際の採用市場における価値にズレがないかをしっかり見極める**という点です。

先に「踏み出すなら、できるだけ早く」のところでも触れましたが、日本の転職市場には現状、はっきりとした年齢の制限が存在します。タテマエの部分では、そんなことはないということになっていますが、ホンネの部分は違うという事実をはっきり書いておくことは、日本一のヘッドハンターとして避けて通るわけにいきません。

典型的な例を挙げましょう。

ここにふたりの転職志望の方がいて、一方は29歳で例えばＴＯＥＩＣが２００点、もうひとりは31歳で同じく９９０点と言う場合、採用側の会社はどちらを選ぶでしょうか？　求めるものも違うので、企業にもよりますが、多くの企業で29歳の方が優遇されるはずです。

これはまさに、日本の転職市場だけの特異な条件があるためで、多くの会社（そこには、本国では何ら制限のない外資系企業も含まれます）で30歳を目に見えない区切りとし、ぎりぎりでも30代半ばまでを採用の対象にしているからにほかなりません。

このように書くと「それはあくまで原則で、ＴＯＥＩＣ９９０点などの特別なスキルがあれば、考慮されるはず」という声があがるかもしれませんが、ほとんどの場合、それはないというのが私の実感です。このように、**市場で求められている価値と自分の価値にズレがあると、一生懸命の努力も無駄になったり、方向違いになる**ことを、皆さんには知っておいてほしいと思います。

すなわち先の例で言えば、31歳でＴＯＥＩＣ９９０点の人は市場価値という点で、誠に残念ながら29歳でＴＯＥＩＣ２００点の人を下回ってしまうケース、「なんで自分が？」となってしまうケースがあります。一方、29歳の人の場合は自分の市場価値をアップさせようと、今からＴＯＥＩＣのための勉強をし直すよりも、**今の年齢を武器にして迷わず転職市場へ飛び込む方が正解**ということになります。それが、自分自身の市場価値を正しく見極める、ということなのです。

その事実は、例えば今や各業界に多くの〝ビジネススター〟を輩出しているリクルートやマッキンゼーにおいて、入社数年にしかならない20代の社員の皆さんが次々に転職をし、それを成功させているのを見ても納得できると思います。優秀な社員ほど早い段階で転職を志し、30歳までに2回ないし3回の転職を繰り返す。そうした若手に恵まれている会社もまた、一層の成長を続けていくのが現下の日本の転職市場だと言えるでしょう。

人材とは、そのようにそれ自体の価値によって評価されるものであり、**それを自分で正しく見極められるかが成否の分かれ目となる**のです。

今の自分の武器は何か？を冷静に評価する

第２章

内定を勝ち取る！ 48の鉄則［書類編］

――書類こそは、成功への
アルファでありオメガである！

わずか1字違いが、天国と地獄を分けることもある！

新卒採用、経験者採用のいずれにおいても、書類——新卒採用であればエントリーシートや履歴書、経験者採用であれば職務経歴書というのは、**内定へ向けた手続きにおける第一歩**であると同時に、**そのすべてを決めてしまう力さえある、実に大切な要素**です。

企業はまず書類を見て、あなたという人間を知るのであり、そこに書かれた内容はもとより、**形式、文字、気遣い……そのすべてが、あなたを語り、あなたを映し、あなたそのものとして会社のドアを叩きます。**すなわち、成功のためのアルファにしてオメガともいうべきものでありながら、プロフェッショナルとしての私から見ると、これをおろそかにしている人があまりに多いのに驚かざるを得ません。

例えば、志望理由などを書く際に頻出する、志望先企業への呼びかけのスタイルについて、あなたは次のどちらを使うでしょうか？

①御社
②貴社

この場合、①を使っている人は、残念ながらスタートから大きくマイナスを背負うことになるでしょう。

企業に対する呼びかけ、二人称を使う際、**面接や営業など話し言葉の場合は「御社」、書類に書く際には「貴社」とするのが、ビジネスのマナーにおける常識**です。この使い分けが正しくできない人は、経験者の場合はもちろん、学生さんであっても減点され、それだけで不採用になることも珍しくありません。

私自身、キャンディデイト様からのメール文に「御社」とあるのを見ると、「ダメだな」と感じ、すぐに指摘して、以後は絶対に間違えないよう指導をします。なぜなら、**就職・転職という人生で最も重要な戦いの場では、いかなる場面、いかなる機会でも気を抜かず、万事にとことん徹底しない限り、生き残ることができない**ことをいやというほど知っているからです。

「御社」と「貴社」、わずか1字違いが天国と地獄を分けることさえある。だからこそ、書類をととのえるうえでは**何よりもまず〝細部〟を意識し、遺漏のないようこだわらなければいけません。**

例えば、文のスタイル。一つの書類の中で「です」「ます」を使う文（敬体といいます）と、「だ」「である」で書く文（常体といいます）を混ぜて使ってはいないでしょうか？　そうした混在は注意力の散漫を感じさせ、たとえ1カ所でも（1カ所だからこそ目立つのです）、あなたへの評価をネガティブにします。

誤字・脱字などは、言うまでもありません。受験の時には下書き⬇清書の手順を踏んで、間違った字は必ず直し、不安なところは辞書できちんと調べる人も、なぜか就職・転職では無造作に書類を書いてしまう。受験と同じ、いえ、それ以上に大切な場面であるにもかかわらず、なぜそうする人が多いのか理解に苦しみます。

最近はエントリーシートも職務経歴書も、企業のHPやネット上にあるフォーマットへ直接入力することが増えており、「志望動機」⬇「死亡動機」など、とんでもない誤変換で提出する例も後を絶たないとか。いずれの場合も、いったんプリントアウトして読み直すという手間さえ惜しまなければ、確実になくすことができるはずの初歩的ミスです。

アートの世界では**「美は細部に宿る」**と言いますが、それは就職・転職においても疑いのない真理。**「たかが書類」などとは絶対に考えず、全身全霊を込めて書く**よう意識してください。

細部にいたるまで、全身全霊を注いで書くべし！

「趣味」の欄までおろそかにしない意識が、勝利を掴む！

〝細部〟を大切にするという点で、皆さんの意外に見落としているポイントが、履歴書や職務経歴書に必ずある**「趣味」**あるいは**「打ち込んでいること」**などの欄に書く内容です。

採用において「趣味」などほとんど関係なしという意識で、ただ何となく「読書」とか「音楽」「ジョギング」と書いている人がどれほど多いことか！　こうした欄は書類の後半に設けられていることもあり、ほとんどの人が軽視しているのを見るたび、私などは「ああ、もったいない」と感じるのです。

当たり前ですが、人間は自分と似た部分や共通点がある相手に対し、興味を持つという傾向があります。これを心理学では**「類似性の法則」**といい、**自分のことをできるだけ知ってもら**

うのが、親近感を高めるのに有効ということは研究によって実証済み。であれば、そのメリットを活用しない手はありません。

私の場合、新卒採用の折の書類では「趣味」の欄にしばしば、マラソンのことを書きました。それも、ただ「マラソン」と記すのではなく、いつから始め、どんな大会に出場し、記録はどれくらいか、をできるだけ詳しく書いたのです。

すると、ある企業の面接の際、同じくマラソンを趣味にされているらしい面接官の方が「君、自己ベスト2時間50分6秒とはすごいね」といきなり声をかけてくださって……その好意的な反応に気持ちもリラックスでき、後の流れもスムーズに、めでたく内定へ繋がった〝成功体験〟があります。

もちろん、マラソンのことを書いたからといって、相手がその記述に注目し、親近感を抱いてくれるかは運次第です。でも、そこを適当に書いたのでは、そもそも注目される可能性はゼロ。ならば、**少しでもアピールの可能性のある点はおろそかにすべきではない**でしょう。実際、趣味の欄を書かずに（あるいは適当に書いて）いると面接官からは「好奇心の欠如」と見なされますし、しっかり書くことで「人間性が豊か」と評価されるのは間違いありません。

私にはマラソンのほかにも、スペイン語会話やお菓子作りなど、面接の場で話題になりやすい趣味がありました。それというのも就職の際のアピールを意識し、必要な経験を〝逆算〟(40ページ参照)した結果ですが、だからといって「自分は無趣味だし」という方も落ち込む必要はありません。

例えば「読書」を挙げる場合も、ポツンとそれだけを書くのではなく、**どんな分野の本を読むのか、愛読書はどの本で、それを挙げる理由は何か、といった点をしっかりと記せばいい**のです。読書や音楽鑑賞などは、マラソンやお菓子作りに比べても、むしろ共感を持ってもらいやすい趣味とも言えます。

書類に関しては、そこに書くべきスペースがある以上、すべての欄に心を込め、十分に考えた内容を記入すること。仮に相手が同じ趣味を持っていなくても、あなたという人間がどういう人かをわかってもらえれば、親近感は自然に湧いてくるものです。

すべての欄が、内定に繋がるチャンスを秘めている!

「具体的に絞って」書くだけで、書類通過率は驚くほど上がる！

これは特に、初めてエントリーシートなるものを書く新卒採用の学生さんたちに強く言っておきたいことですが、**何事につけても漠然とではなく、できる限り具体的に書く習慣を身に付けてください。**

例えば、学生時代に力を入れたことなど自己PRについて書く場合も、42・195㎞のフルマラソンで単に2時間台を出すというところで終わりにせず、**そのためにどんな努力をしたかにも触れ、そこで感じたことや学んだこと**もしっかりと書くのです。

試しに、次の二つの記述を比較してみてください。

PR　マラソンです。大学入学から始め、現在の自己ベストは2時間50分台。〇〇〇マ

ラソンには毎年出場し、完走しています。（以下余白）

PR

フルマラソン42・195㎞で2時間台完走を達成！

私は、相当な努力を要する目標にチャレンジし、それを達成することで大きな充実感を味わいたいとの思いから、「フルマラソンでのサブスリー（2時間台での完走）」を目標とし、中学から10年間継続している陸上競技の練習に打ち込んできました。

毎日の練習を通して得たものは、「粘り強さ」です。吐くまで行う坂ダッシュ200m50本、30度を超す炎天下での夏の合宿では富士山を駆け登ったり、苦しい思いをたくさんしてきました。全治半年の右脚の腸脛靭帯炎の怪我なども克服し、逃げ出したくなるような3年間の辛い練習を乗り越えた末に、先日の東京マラソンで念願のサブスリーを達成した暁には（2時間50分台で完走！）、目標を達成するまでは最後まで絶対諦めない粘り強さを得られました。

どちらのほうが、面接官にアピールするかは一目瞭然ですね？　あとのほうの文は単なる事実だけでなく具体的なエピソードを盛り込んであるため、読む人は炎天下の富士山で汗を流して頑張る様子まで、鮮やかに目に浮かべるでしょう。それだけ、相手に対する共感や理解は強まって、内定への可能性もぐっと高まるのは間違いありません。

このような自己ＰＲだけでなく、例えばアルバイトの経験なども、**この点を意識することで、与える印象は天と地ほども変わってきます。**どんな店で何をしていたか？でおしまいにせず、具体的な店の名前や詳しい仕事の内容、さらには「朝5時に起きて毎日一番で入店していました」とか、「商品ＰＯＰを手作りして賞をもらいました」とか、とにかく目に浮かぶエピソードをしっかりと書いてください。一緒に働いていたスタッフの人数も「大勢」ではなく「全部で13人」と書き、苦労した点も「お客様のクレーム対応は大変でしたが、おかげでコミュニケーションの力を磨くことができました」というところまで書くべきです。

もちろん、書類の欄にはスペース＝字数の制限はありますし、会社側から字数を指定されることも多いので、エピソードといっても幼稚園児の作文のようにダラダラ書けばいいわけではありません。そうではなく、**決められた量、限られた字数の中で、最も印象に残る内容に絞り、とことん具体的に、無駄なく書く練習を繰り返すこと。**先ほどの例で言えば、文の最初に最も

自己PR

私は、『向上心の塊』です。大学時代も、フルマラソンの練習に力を注ぐ傍ら、外大生に混じってスペイン語弁論大会に挑戦したり、中国にまで行って現地の工員と工場労働体験・共同生活を経験する（NHKの番組でも取り上げられました）など、様々なことにチャレンジしてきました。また、そういった頑張る姿を周りに見せることで『周囲に刺激を与えます』。家族、ゼミや陸上の仲間にも、「刺激を与えてくれてありがとう。」とよく言われます。

学業で力を入れて取り組んだこと

① スペイン語弁論大会で全国大会に出場（慶應では42年の歴史で史上初の快挙!!）
② 中国シンセンにて数千人の工員達と共同生活・労働（昨夏工場団地にて）
③ ゼミナール、授業への取り組みが評価され慶應義塾成績優秀者賞受賞（1024名から）

学業以外で力を入れて取り組んだこと

① 「陸上競技クラブでの猛練習」（長距離走・中学から10年継続）
② 金融機関（投資銀行と政府系金融機関）でのインターンシップ
③ 弟（現在高校3年生）の家庭教師＜夏休みに帰省、343人中303位から9位に＞

就職活動自己のPR事例

● 数多くのフィールドがある中で、あなたが日本政策投資銀行を就職先の一つとして強く志望する理由につき述べて下さい。

①「日本経済の健全な発展に貢献したい。」昨年の夏休みに中国シンセンでの2週間のインターンシップを体験した私は、経済格差の激しい中国では、劣悪な環境も存在することを知りました。そして、日本の経済水準の高さを身に染みて感じ、日本経済の発展に貢献したいと強く思うようになったのです。
②「様々な角度から日本を活性化できる。」PASMOへの融資、排出権取引を含む環境対策、中部国際空港への融資など、環境、技術、地域、あらゆる角度から活性化へのアプローチができ、取り組むプロジェクトに魅了されます。
③「行員の方々が魅力的だった。」OB訪問やセミナーを通して、十人以上の行員、昨年の内定者とお会いしました。回を重ねていく毎に、人当たりや頭の良い、DBJの人の魅力に嵌まっていきました。
上記の3点の理由から、貴行で働くことを熱望しております。

DBJ ENTRY SHEET①

就職活動の志望動機事例

訴えたい点についてタイトルを付けていますが、これも「抽象的にたくさん」ではなく、「具体的に絞って」アピールするための効果的な工夫です。

ここで、私自身の就活時のエントリーシート（左図）を見てもらうと、「取り組んだこと」の欄に「スペイン語弁論大会で全国大会に出場（慶應では42年の歴史で史上初の快挙!!）」、「中国シンセンにて数千人の工員達と共同生活・労働（昨夏工場団地にて）」、あるいは「弟の家庭教師（夏休みに帰省、343人中303位から9位に）」といった、簡潔で明瞭なイメージの浮かぶ記述が並んでいます。このように、まるでニュースや広告（書類とはまさに、あなた自身の「広告」なのです）を思わせるキャッチ—で具体的な記述ができれば、面接官も好印象を抱き、書類と真剣に向き合ってくれるに違いありません。

そのためにも、**エントリーシートは何度でも書き直して、それぞれの項目をとことん磨き抜く努力をしてください。**私の経験でも、大学入学後に就活を始めた当時と、3年で就活を極めた終盤とでは、その記述が驚くほど具体的に進化していたのを覚えています。それはまた、**面接の限られた時間内に相手の印象に残る話をまとめるうえでも、またとない訓練になる**はずです。

私は**「就活の鬼」**と呼ばれた学生時代に、書類選考が通らずに悩んでいる友人に対して、とにかくこの点だけを徹底するようにアドバイスし、現在もお手伝いをするキャンディデイトの皆さんに、同じことを口を酸っぱくしてお教えしています。すると実際、不思議なくらいにエントリーシートの通過率が高まるのです。中には「これまでまったく通過しなかった書類が、一つも落とされなくなった」というケースさえ珍しくありません。

まさに**「0➡1」の劇的変化がすぐ表れる**――この練習を、皆さんにはすぐ始めてほしいと思います。

目に浮かぶまで書けているか? 「具体的に」の意識を徹底!

「何をどう表現するか」を考えていない書類が多すぎる！

趣味にせよ、アルバイトにせよ、あるいは部活や勉強の取り組みにせよ、同じような体験をしていながら、それを書類にどう書くかによって与える印象は大きく変わり、評価もまったく違ってくる――そのためにも、前項に挙げたように**とにかく具体的に書くことと、あと一つは「何をどのように表現するか」を正しく把握して書く意識が不可欠**です。

典型的なのが**「自己アピール」**に関する部分で、ここをどう書くかは新卒・経験者のどちらの場合も実に重要になってきます。しかしながら実際は、単に「○○を勉強してきました」とか、「○○の活動をしてきました」とか、「○○の役職を任されてきました」とか、事実を並べるだけになっている場合がほとんどで、そこから一歩を踏み込んでのアピールを表現できていませせん。本当にもったいない話だと思います。

なぜ、そうなってしまうのでしょう？　**理由は実にシンプルで、皆さんは自分の「言いたい」や「話したい」だけを考えてしまい、相手の「聞きたい」を理解しないままに書類を書いてしまっている**のです。

例えば「1年間休学して、シリコンバレーへ行ってきました」と書く学生さんがいたとします。この場合、本人にとっては「シリコンバレーへ行ってきたんだぞ、すごいだろう」という部分しか頭になく、「それで、どうした？」という採用側が一番聞きたい点については、まったく考えられていない。いわば、**一種の自慢話、そうでなければ単なる報告であり、そこには最も大事なコミュニケーションが成り立っていません。**

私に言わせると、**就職（もちろん転職も）というのは、志望する側と採用する側における最高度のコミュニケーション**です。であれば、志望する側のエントリーシートや自己アピールなどの書類は、採用側が求める情報を的確に提供するものでなければならないでしょう。

人は、それぞれの立場によって、求めるものが違うものです。そのことを、私は学生時代のコンサート設営のアルバイトを通じて発見しました。

コンサート設営のアルバイトというのは、重い機材を運んでステージに据え付け、終了後はそれを即撤去するという現場作業で、とにかくキツい半面、1日1万円が相場の当時としては割のいい仕事です。当時の私は、これまでにも触れてきたように、来るべき就職活動の本番へ向けてオールAを目指すべく学業最優先。月曜から土曜までは、陸上の部活で毎日20㎞から30㎞を走らなければならないため、平日のアルバイトは入れられず、週末に行われることの多いコンサート設営の仕事はその点で魅力的でした。

ある時、夏休みで珍しく地方で3泊4日の泊まりがけで、連日の設営と撤去が続く仕事の募集があり、高額の日当に私もすぐ手を挙げたものの、いつも以上にハードな現場になるのは明らかです。ただ、出演するのは当時最も人気のアーティストでしたし、せっかくならば楽しみたい（設営が終わると、スタッフはコンサートを舞台近くで楽しめる役得がありました）……そう思い、せめて仲間がいればいいなあと、知人や友人に声をかけたところ、それほどキツいアルバイトに10人以上もの人数を集めることができました。

なぜ、それほど集められたのか？　**誘い方、つまり相手に対する「表現」に工夫をこらしたのです。**

単に日当1万円というだけでなく、出演アーティストの名前を挙げ、すぐそばで観られるよと気持ちをくすぐり、宿泊はリゾートホテルだし、お弁当も美味しいし、現場となる高原へはタダで行けるし、陸上仲間には「筋トレにもなるよ」と誘う——そんなふうに、とにかく考えられるだけのメリットを並べました。私自身は日当が最大の魅力でしたが、人によっては別な点を求めることが、自分でも知らず知らずにわかっていたようです（実際、この力は私自身の最大の〝武器〟の一つだと思っています）。

これが、相手の「聞きたい」を考えるということであり、それを理解してピンポイントの表現ができれば、必ず採用側にアピールする書き方になります。

先ほどのシリコンバレーへ行った学生さんの例で言えば、ただ「行ってきました」というだけでは面接官へのインパクトは十分ではないでしょう。そうではなく、例えば「シリコンバレーでは〇〇社のインターンシップをしてきましたが、70カ国から来た同世代のライバルとプロジェクトに参加。後半にはリーダーとしてチームのマネジメントをできたことで、多様な考え方と向き合い、調整することの価値を身を持って学べました」と書けば、相手は間違いなく「おっ？」と目を見張るに違いありません。採用する側にとって、それこそが「聞きたい」話だからです。

では、その「聞きたい」を掴むためにはどうすればいいのか？　おすすめしたいのは、**とにかく「自分」をいったん手放し、「相手」や「他人」の立場に置いてみるという方法**です。

この場合であれば、自分が面接官になったと仮定して、自分自身をどう見るか、どんな話を聞けると興味を持ち、プラスの評価をするか……というように**〝もうひとりの自分〟と、仮想の対話を何度も何度も繰り返してみてください。**

こうした捉え方を、認知科学や哲学の分野では**「メタ認知」**と呼んでいますが、これが明確になっていくにつれて、様々な場面で相手の「聞きたい」や「知りたい」が自然にわかってくるようになります。単に面接官というだけでなく、相手の年代、性別、業種や会社のカラーなどなど、その視点をシャープにフォーカスできるようになれば、書類に書く内容も、また面接の場での応答も、ますます刺さるものになるでしょう。それはまた、お客様相手にせよ、社内の対人関係にせよ、**入社後のビジネス現場においてそれ自体が強力なスキルになる**はずです。

にもかかわらず、こうしたメタ認知――もう少しひらたく言えば**「他者から見た自分自身を想像する」**という習慣は、私の見るところほとんど99%の人ができていません。というのも、人間にはそれぞれ強い自意識や自我があり、自分を手放すといっても簡単ではないからです。

そんな時こそ、私のようなヘッドハンターの出番です。

面接官の皆さんと同様、人を見ることにかけては右に出るもののないプロフェッショナル。しかも、キャンディデイト様と企業それぞれの「言いたい」「聞きたい」を知り尽くした相手に、第三者の視点で真に「言うべき」内容と表現をアドバイスしてもらうことは、皆さんの書類の評価を劇的に変える力となるに違いありません。

〝メタ認知〟によって、相手の「聞きたい」を確実に掴む！

優れた書類は、優れたフォーマットから生まれる！

書類編の最後、それは**「優秀なヘッドハンターから、書きやすいフォーマットをもらえ」**ということです。

例えば家を建てる際に、変形地や狭小地に建てにくいのと同様、**書類をととのえるにも書きやすく、仕上がりの美しい＝読みやすい土台を用意することは、そこに書く内容に劣らず、極めて重要**になります。

必要な項目が欠けているなどというのは論外として、**それぞれの欄の並んだ順番やレイアウト、きちんと書けるだけのスペースの有無など、履歴書も職務経歴書も細部まで考え抜かれた書式を使うことが、優れた書類をととのえる際に不可欠の条件**です。不思議なもので、そうした優れたフォーマットを前にすると、記す内容も自ずとレベルが上がっていきますし、ネットなどで目についた書式を適当に拾って書いた書類というのは、読みにくさとともに、内容自体も貧弱で薄っぺらなものになる気がします。

ネット以外では、例えばハローワークに置いてある無料の書式に書くケースもよく目にしますが、残念ながら、お役所のつくるものは最大公約数的に必要な項目を「ただ並べました」という感じで、これもおすすめできません。私のようなプロフェッショナルの目から見ると、順序にしても、スペースの大きさにしても、とにかく書きにくいのです。

一方、優れた書式というのは、書きたいことが、書くべき構成と順序で、必要十分に書いていけるようデザインされています。典型的なのが、書類の冒頭に置かれているのが何なのか？という点で、例えば経験者採用における職務経歴書の場合、**氏名の下の一番目立つところにドンと「職務要約」の欄が広くとってあるような書式がベスト**でしょう。なぜなら、それが書類選考の担当者にとって最も見たい、知りたい内容であり、皆さんにとっては一番アピールすべき部分だからです。

就職も転職も、それぞれの人気企業へは志望者が文字通り「殺到」しますし、当然ながら採用担当者のもとには日に１０００通以上の書類が届くことも、珍しくありません。そうなると、担当者の思いとは別に１通１通を細部まで細かく読むことなど不可能ですので、**知りたい情報**

がパッと目立つところに読みやすく書かれている書類は、それだけで大きなアドバンテージになります。そのうえで、続く内容がロジカルな流れを持って、次々に読めるように配置されていれば、書類通過はほぼ確実です。

これはまた、書類を書く側の皆さんにとっても大きなメリットで、**書きたいことが書くべき順序でスムーズに、論理的に書き進めていけるというのは、それぞれの項目を書くこと自体が思考や内容の整理になります。**二度、三度と繰り返して作成するうちには、志望動機やアピールポイントなどの重要な部分もどんどん深められ、就職・転職活動全体に驚くようなプラスの効果が生まれるでしょう。面接では多くの場合、書式の流れに沿った質問がなされますので、書類作成を通じて考え抜いたロジックに基づき、要領よくスムーズな応答もできるはずです。

しかしながら、実際に学生の皆さん、また私がお手伝いするキャンディデイト様でも最初に持参されるのは、そうした点をまったく配慮していない書式の場合がほとんどです。ひどいものでは、先ほど冒頭にあるべきと書いた職務要約が書類の最後のほうにあるという、とんでもないケースもありました。

それでは、ご本人にどれだけ素晴らしい学歴や経歴、優れた素質やアピールポイントがあっても、採用側の書類担当にはほとんど伝わらず、残念な結果は火を見るよりも明らかです。そんなことにならないよう、ぜひとも優れたフォーマットを探さなければなりません。

ここでも、頼るべきは優秀なヘッドハンターで、私の場合で言えば数百種類はあるだろう履歴書や職務経歴書を、一つひとつの長所・短所を分析。そのうえで、最良のフォーマットの候補を数種類に絞って（一部改変も加えています）おすすめしていますが、それだけの数をチェックするというのは、プロではない皆さんにはまず不可能でしょう。それどころか、プロのヘッドハンターを自称する方たちでさえ、書式にまで気を配る人はほとんどいないと思います。

陸上選手にとってシューズが自分にとっての〝分身〟であるのと同様、**履歴書や職務経歴書は内定獲得を目指す皆さんのかけがえない〝相棒〟**のはず。ならば、その大切な相棒を我流で選ぶというのは、あまりにも無謀な話です。

ここはぜひ、私のようなプロ中のプロに相談をしてほしいと思います。

最高の〝相棒〟にふさわしいフォーマットはプロに聞け！

第３章

内定を勝ち取る！
48の鉄則
［面接編］

──成否を決める正念場は、
ここまでこだわり抜け！

〝冒頭が命！〟最初の5分間で勝負は決まる！

選考のプロセスにあって、最も重要な局面である面接に関し、何よりもまず言っておきたいのは**〝冒頭が命！〟**という点です。

面接というとだいたい30分から、少数精鋭で争う経験者採用でも1時間ほどが相場のようですが、**実際の勝負を決めるのは最初の3分、あるいは5分、長くても10分以内だ**ということを、皆さんにはとにかく肝に銘じてほしいと思います。

このように書くと、「そんなバカな！」という声が聞こえてきそうですが、けっして嘘や誇張ではありません。これらの時間の目安は、私自身が日本一のヘッドハンターとして信頼をいただいている、クライアント企業様のご担当から異口同音に聞かされてきた本当の話です。前章の「書類編」でも、経験者採用で一番重要なアピールである「職務要約」が冒頭にある書式がベストと書きましたが、面接での冒頭の重要さはそれ以上と言ってもいいでしょう。

心理学に**「初頭効果」**という言葉があります。

これは、**「人間の判断は、最初に提示された情報に特に強く影響を受ける」**という傾向のことで、面接官の方たちもその例外ではありません。いえ、何千人、何万人という志望者に日々会い続けているだけに、その判断力は極限まで研ぎ澄まされ、**最初に提示された情報だけで確実に相手を見抜いてしまう、**と考えておくべきだと思います。

実際、面接官の皆さんにうかがうと、冒頭5分以内でほぼ合否を決め、あとは不採用の人には悪い印象を持たれないよう、むしろ口当たりのいい言葉でフォローを徹底。採用と判断した人には、逆に少々厳しい質問も発して、相手の深いところまで掘り下げるという進め方が、圧倒的に多いのです。

不採用の人へのフォローというのは、のちのち悪評を拡散されないようにというSNS時代ならではの苦心ですが、こうした話からはキャンディデイト様から聞くことの多い**「面接中の印象と実際の採否は正反対」**という感想もうなずけます。

そうであれば、皆さんはこの点を何よりも大切に、面接の出だしで一気に勝負をかけなければなりません。そのためには、冒頭で話題になることの多い自己紹介や志望動機、自己アピールなどの点を徹底的に磨いておくだけでなく、言語に表されない見た目や姿勢、しぐさといった **〝非言語の情報〟**（これについては152ページなどで詳しく説明します）にも完璧に気を配る必要があります。

私は、自身がフルマラソンを続けていることもあり、毎年の「箱根駅伝」を毎回熱心に応援しているのですが、2日がかりの長大なレースにあって、各チームが最も重視し、エース級の選手を投入してくるのは号砲直後の1区と、強豪選手がスピードを競う〝花の2区〟です。これは往路で十分な差をつけるという作戦上の理由からで、その点は面接もまったく同じだなとひそかに納得、感心しています。

むろん、最終10区でアンカーが大逆転というケースもあり、そのほうが劇的ではあるものの、勝負事はすべからく **「先手必勝」** が戦術における古今の王道。実は面接にも、駅伝のアンカー大逆転に通じる劇的な方法があるのですが、それはまた後のページで……。

以後、本章ではこうした視点から面接突破の知恵とノウハウを逐一ご説明しますので、自分に足りないと思う点はもちろん、大丈夫と感じる部分についても、ぜひ実践するようにしてください。

「初頭効果」を意識して、先手必勝を目指す！

録画・録音による練習を最低3回、できれば100回以上繰り返せ！

人は、日常において自分自身の姿や立ち居振る舞い、話している時の表情や声の調子、しゃべる速度、言葉の明瞭度などを客観的に見たり聞いたりすることが、ほとんどありません。しかし面接の場というのは、大勢の面接官から見られ、聞かれ、それによって冷徹に評価をされる特異な場です。であれば、**自分がどう見られ、どう聞かれるかを客観的に知っておくことは、何より重要**。そのために、**まずは面接の場を想定しての応答や動作をビデオに撮り、録音してチェックするのは不可欠**と言えるでしょう。

試しに、今すぐ「私の強みは○○です」と手元のスマホに吹き込んで、聞き返してみてください。自分の声のトーンやしゃべる速さ、間の取り方が自分自身のイメージとまったく違うことに驚くと思います。

声の場合、ふだんは頭蓋骨の内部で響く音を聞いているせいもあり、そのギャップは大きいものですが、**表情（目に力はあるか、視線はキョロキョロしていないか、笑顔は自然か、などなど）や姿勢（背筋は自然に伸びているか、座り方はどうか、どちらかの肩が下がっていないか、などなど）、しぐさ（着席・離席の動作は落ち着いているか、手の位置はどうか、気になる癖は出ていないか、などなど）**といった点も客観的に見てみると、意外な見苦しさなどに必ず気付くはずです。

この課題は最低3回、本当はほんの数回というレベルではなく、できれば録音と録画それぞれ100回以上、繰り返し繰り返し確認のうえ、気になる点がないかを面接官になったつもりで厳しく検討するようにしてください。その際は、極力本番を意識して、スーツを着用、できればご家族や親しい友人を相手に**〝模擬面接〟**の形でやってみると、動作にも言語にも真剣度が増し、精度も上がるでしょう。

世の中に「話し方講座」というのは数多くあって、面接対策にそうしたところへ通う人もいるようですが、**高いお金を払ってアドバイスを受けるのと同じ効果が、この録音・録画には期待できます。**

実際、これを熱心にやったキャンディデイト様は、例外なくもともとあった問題点が改善されるのを、数多く見てきました。これまでに何度か取り上げたM＆Aキャピタルパートナーズ突破のTさんなども、奥様を相手に録音と録画を百数十回も行ったことが、素晴らしい成果に繋がったと思っています。

録音も録画もスマホで便利にできる時代、あとは**あなた自身がやるかどうか**です。時間と手間を惜しまない地道な反復は、必ずや内定獲得の力になります。

自分を客観的に、見て、聞くことが成功の秘訣！

時には、自分が面接官の立場になってみる！

実際の面接を意識した練習を繰り返すのと並行して、**時には自分が面接官の役をやってみるという課題に取り組む**のもおすすめです。

実際に面接されるのは自分なのに、そんなことをする意味があるのか？という声があがりそうですが、これにはちゃんとした理由があります。

人はほとんどの場合、自分の目で見たものを、自分の価値観で判断するというパターンで目前の状況に接するものです。しかし、**面接というのは候補者である皆さんと、内定を出す採用側の面接官という立場の違う両者がそろって、初めて成り立つ**ことを忘れてはいけません。

そこで必要なのが、**相手の立場に立ってみること。**しかし、言うのは簡単でも、実際にできるかとなると、なかなか難しいかもしれません。想像力があるという人でも、頭の中だけでは相手の立場は実感として掴めませんし、相手への共感や気配りというだけで済む問題でもないような気がします。

ならば、実際に経験してみるのが一番ではないかというのが、この練習を思いついたきっかけです。

模擬面接を100回以上やる合間に、例えば10回に1回とか、相手をしてくれているご家族や友人に候補者の役をやってもらい、自分は面接官の気持ちになって、相手を見、質問をしてみる。最初のうちは何となく気恥ずかしいかもしれませんが、そのうちに**「あ、面接官はこういう視点で見たり、聞いたりするのかもしれない」**と気が付く瞬間が訪れます。

これこそが、面接官の目で見、面接官の価値観で判断をしてみる目的で、候補者としての自分には見えていなかった点が突然クローズアップされたり、「ああ、こうやって評価をするんだな」という感覚がおぼろげに掴めたり……その経験を積むことは、本番の面接で今の自分が相手にどう見えて、どう感じられるか、一歩引いて客観的に判断する冷静さに繋がるでしょう。

そうなればしめたもの。言いたいことを早く言わなければと焦ってアピールすることもなく、不思議に落ち着いて話せますし、少々厳しい質問を受けても「さあ半沢君、ピンチですよ！

ここをどうきりぬけるか？」などとクールに、またポジティブに捉えられるようになります。

そう断言できるのは、私自身が新卒採用で就職活動をしていた際、面接官になったつもりでの練習を何度も繰り返した経験があるからで、先に挙げたTさんもこれをしっかりと実践。「本番でも、ひと呼吸おいて応答する余裕が持てました」と、効果のほどを実証してくださいました。

「社長になって初めて、社長の気持ちがわかった」とはよく言われることですが、まさにその通り。面接官の視点を持つためには、自分が面接官になってみるのが最もいい方法と言えるでしょう。

相手の気持ちを知ることで、不思議に落ち着ける！

つまずくな、想定せよ、準備せよ！

世の中に「想定外」というのは、皮肉なことに私たちが想定しているより遥かにしばしば起きるものです。しかし、まさに**人生を左右する面接の場では「想定外だった」という弁解は、けっして通用しません。**

例えば、コロナ禍以降に急速に増えたオンラインによる面接の場面。Zoomなり、Skypeなり、先方から案内を受けた時間に接続をしようとしたところ、なぜかログインができない！という事例は、私が聞いただけでも実に多く発生しています。残念ながら、そうした場合（先方に問題がある場合を除いて）、接続できなかった人はほぼ一発で不採用確定です。

いろいろと言い訳したい点はあるかもしれません。しかし、**実際のビジネスにおいては、そうしたトラブルも事前に考えに入れて、行動することが求められます。**

この場合であれば、本番の30分前に接続に問題がないかを確認することは十分にできるでしょう。指定した時間まで入室できない場合でも、アプリごとに設けられた接続テストを利用すれば、状況は把握でき、トラブルを改善することは可能なはずです。それが、単に「接続できませんでした」では、ITリテラシーの不足と判断されても仕方ありませんし、そもそも真剣さに欠ける、準備ができない人間と見なされてしまいます。

当人にしてみれば「たまたま」「今回だけ」だとしても、面接官は同様のケースに何度も遭遇しているはずです。そもそも難関企業や人気企業となれば、競争率も100倍、200倍というのもざらであり、それほどの激戦の中で「想定外」という言い訳が通用するわけもありません。

そんな事態を招かないためにも、**面接に臨む際は、つまずくな、想定せよ、準備せよ**これを繰り返し、自分に言い聞かせてほしいと思います。

「想定外」という弁解は、面接では通用しない！

“先読み”が評価され、即決で内定することもある！

「想定外」が言い訳にならない面接の場面において、とりわけ重要になるのが“**先読み**”という発想です。

ここで、私自身が転職活動で面接をしていた折のこと。既に難関企業として知られていた、M&A仲介人気企業の面接を受けた際のエピソードをご紹介しましょう。

先方から指示を受けた面接の日は、忘れもしない1月18日でした。降雪の多い季節でもあり、すぐに当日の天気予報を確認すると、案の定「雪」ということです。それもかなりの量が予想されて、電車が止まるかもしれないというのですが、ご存じのように雪の予報というのはなかなか当たらず（条件がいくつもあって難しいと聞いたことがあります）、だいたいは雨やみぞれだったり、雪になっても積もるほどではなかったりと、大事にいたらないという〝経験則〟があります。

最終面接の開始時間は朝の8時で、これは社長の出社に合わせて、わざわざその日一番の予定に入れてくださったとのこと。前日朝の予報を見ると、降雪に関するトーンはいくぶん後退して「交通機関に大きな影響が出ることは、ほぼないでしょう」となっています。普通なら朝少し早めに出るという程度の対応をとるところ、しかし私は迷わず同社に近い東京駅近くのホテルに前泊しました。

翌朝、目覚めて窓の外を見ると、雪どころかまったくの快晴で、前泊自体は空振りになりましたが、面接の冒頭で社長から「今日は雪の予報だったのに、晴れてよかったですね」との、願ってもないお言葉をいただき、すかさず**「ほぼはずれるとは思ったのですが、万が一の事態に備えて○○ホテルに泊まりました」**とお答えして、見事に内定を獲得できました。

後から人事の担当の方にうかがったところ、他の評価はもちろんあったものの、一番の決め手はホテルの前泊の件だったとか。ここから、皆さんには**万一に備えての〝先読み〟の大切さと、採用側に対するアピールの強さをわかってもらいたい**と思います。

雪に限らず、交通機関のトラブルなどは頻繁に起こりますし、そうした事態も先読みして行動するのは当然です。私の場合も「ほぼ大丈夫」と思っていたのが、予想外の大雪になる事態も何パーセントかはあったでしょうし、そうなった時は前泊のおかげであわてずに済んだはず――万全の準備とは、このようにどちらに転んでもプラスの展開に繋がるものだと思います。

天候や事故などの外的要因以外でも、移動中に腹具合が悪くなったりしないように前日からの食事にまで細心の気を配るなど、**あらゆる点で「最悪」の事態を視野に入れること。**それが、人生における最も重要な場面で、最も残念な事態にならないための秘訣なのです。

人生で最も重要な場面こそ、最悪の事態を想定しておく!

「ピンチ」は「チャンス」に変えれば、怖くない！

どうしても予測のできない、思いがけぬ「ピンチ」というのは人生に常に起こり得るものです。そうした場合、**ピンチを上手に乗り越えられるかどうかは、それを「チャンス」にできる強いメンタルにかかっている**と、私は思います。

例えばあるキャンディデイト様は、面接の数日前に運悪く不測の事故に巻き込まれ、脚を大けがしてしまいました。ギプスを装着すれば面接には臨めるのですが、普通ですとそれだけで意気消沈してしまい、平常心も持てないであろうところ、この方は痛々しい自分の脚が話題になった際にすかさず**「おかげさまで、脚の不自由な方の気持ちが実感できました」**と絶妙な回答をしたのです。その前向きな捉え方は面接官の気持ちを掴み、めでたく内定を獲得できたのは言うまでもありません。まさに「怪我の功名」を地でいく、実にスマートな対応ぶりでした。

こんな例もあります。あるキャンディデイト様は、準備も万端、気力も充実して、いざ面接へというその当日に、面接官の方の都合でその日の予定がキャンセルになったのです。それも、2回連続でしたから、メンタルの弱い人であれば「ああ、ついてないな」と凹んでしまう場面でしょう。しかし、その報告を受けた私は「良かったですね！」と明るく答えました。と言っても、別に無理やり元気づけようとしたわけではありません。

人間というのは、その判断のかなりの面を感情に左右されるものです。それならば、当の面接官の方の心には少なからず「申し訳ない」との気持ちが生じているはずで、こちらとしては気持ちのうえのアドバンテージだと言えます。そう理由を話したうえで送り出すと、そのキャンディデイト様は余裕を持ち、3度目の正直で行われた面接で見事に内定を獲得しました。

こうして見ると、いわゆる「想定外」への先読みや準備は当然のこととして、それ以上に有効なのは**「ピンチは起こるもの」「何事も思い通りにいくことはない」**とのタフなメンタリティだといえます。すべてが平穏無事であるのを当然と思い込み、いざという時に身動きがとれなくなる「正常性バイアス」のワナに陥らないよう、強く、柔軟な心を持ちましょう。

「正常性バイアス」を捨て、強く、柔軟な心を！

面接会場への到着は「7分前」が理想！

個々の候補者にとっては「この1回」であっても、人事担当や面接官には何百回、何千回と繰り返されている――と書きましたが、中でも「候補者が来る、ドアをノックし、迎え入れる」というのは、そうした方たちにとって日々繰り返し行っているルーティン中のルーティンです。それだけに、個々人の違いには特に敏感になっており、面接会場への到着から入室への流れはあらかじめ「相手の立場」（124ページの内容を思い出してください）に立って配慮しないと、思わぬマイナス評価を受けることになりかねません。

そこで、会場への到着➡受付のタイミング、様々なご意見があると思いますが、これはずばり、**開始の「7分前」が正解**だと考えています。それより早くても、遅くてもいけません。遅刻などは論外として、開始時間ジャストに会場到着でも、受付をし、入室する頃にはゆうに4

〜5分を過ぎてしまうでしょう。この時間は、皆さんにとっての時間的ハンデになるだけでなく、迎える担当者の方々の貴重な時間を〝待つ〟ことで空費させることにほかなりません。

その場の面接官の立場に立って考えれば、オンタイムで面接開始が当然のこと。2〜3分前になっても受付から連絡がないと、「あれ、まだ来ないの？」という不安な気持ちになるのは、容易に想像がつくはずです。少しでもそうした気持ちを抱かせたまま、面接において一番重要な冒頭へ入っていくのは、この上もないアゲンストだということはおわかりになるでしょう。

ならば、5分前ではどうか？　普通に考えれば、それでいいようにも思いますが、到着➡受付ののち定刻通りにドアをノックするというのは、待つ側としてはやはり100点の印象にはなりません。面接官の立場に立てば、**オンタイムで面接自体がスタートするのが当たり前であり、そのためには2分前にノックをし、入室後に名前を言い、あいさつをして椅子にかけ、目を見合わせて、ジャスト！という流れをつくる必要があります。**だからこその「7分前」であり、それで初めて完璧な印象とともに、自分自身も落ち着いた気持ちでスムーズに冒頭へ進めるのです。

では、いっそ15分前に会場へ到着するというのはどうでしょう？　残念ながら、やはり×。それでは、受付からの連絡に「え？　もう来たの？」ということになってしまい、他の面接の予定もぴっしりで多忙な担当者の方々を無用に〝せかす〟結果となります。遅刻やジャストの到着よりはましだとしても、印象がマイナスになるのは避けられません。正しいのは、**会場のある建物周辺に30分〜15分前には着き、周辺の公園のベンチなどで落ち着いた気持ちで待機をし、ぴったり「7分前」に到着➡受付をするという流れ**です。

そのためにはもちろん、**万が一の交通トラブルも考えに入れたタイミングで出発する必要がありますし、駅から会場のある建物への時間も十分な余裕を見ておくべき**でしょう。今はスマホのマップで目的地への時間が簡単に計れますが、いざという時ほど道に迷うことは多いもの。できれば、事前に下見をして時間も計っておくとベストです。特に、都心のオフィス街の場合は1ブロックが想像以上に広いため、あわてて走らなければならないことなどないように——建物に入っても、そこからエレベーターなどで会場まで時には数分かかるという点も見越したうえでの、ジャスト「7分前」なのです。

繰り返しになりますが、**相手の立場に立てば「待つ」ことも「せかされる」ことも気持ちのいいものではありません。**私自身、キャンディデイト様とお会いする際は、約束の時間に対してどのタイミングで来られるかをチェックし、それをもとに時間の感覚をアドバイスしています。「7分前」というルールの大切さを、皆さんにはわかっていただけましたでしょうか？

遅いのは論外、早すぎるのもいけない！

面接官は人間を見るプロだと、理解しておく！

プロフェッショナルとは、ひと言で表現するなら**「侮れない人々」**ということかもしれません。それは何の分野においても言えることで、優良企業の経営者、人事担当や面接官の方は、いわば24時間、365日を常に人を見て、評価しているプロ中のプロ。そうした方たちに対して、**小手先でごまかすなどは絶対にできない**ことです。

例えば、不幸にして交通機関の大幅な遅れなどで遅刻した場合も、その人が1時間前には会場近くに到着するよう、しっかりと準備していたにもかかわらずのことなのか？　それとも、平素からギリギリで行動しているクセが、遅れの原因になったのか？　そんなことさえ、彼らから見れば事情を説明する当人の目の動き、息遣い、しぐさによって一目瞭然でわかります。

その点、第1章の「意識編」で書いた**「常在戦場」**の姿勢を忘れず、**面接の本番ならずとも常に〝求められる人材〟でいられれば、自ずとプロフェッショナルの方たちのお眼鏡に叶うことになる**でしょう。この後でも触れますが、熱意すなわち真剣であることが相手に伝わるかは、付け焼き刃でどうこうなるものではありません。

最初に挙げた例で言えば、遅刻の弁解をあれこれと並べるのではなく、ひと言はっきりと**「遅れまして、大変申し訳ございません」**と頭を下げる以外に選択肢はなく、せめても最大限の素直な謝罪の意を伝えるのみ。これも第1章で触れた「素直さ」という意味で、万一の場合にきちんとお詫びができる人というのは、見る人が見ればわかります。

以前、ある難関企業の経営者の方から**「真剣かどうかは、その人の目を見ればわかります」**という教えをいただいたことがありますが、まさに至言。皆さんの目はそれだけの輝きと熱さを伝えられているでしょうか？

お詫びでさえも、訴えかける力になる！

最後も重要、〝奇跡の大逆転〟は夢ではない！

日本一のヘッドハンターとして、これまで数多くのキャンディデイト様とともに難関企業の内定獲得を果たしてきた私ですが、中にはまさに**〝奇跡の勝利〟**とでも呼ぶべき例がいくつかあります。

その典型が、**面接官の印象でほぼ不採用だったところ、最後の最後で大逆転をする**というパターンで、この章の初めに挙げた〝先手必勝〟のセオリーとは正反対。箱根駅伝にたとえるなら、レース前半の1区、2区で先頭に差をつけられたのを、最終の10区でアンカーが一気にトップに躍り出るというイメージでしょうか。

ここで、ある男性のキャンディデイト様の例をお話ししましょう。志望先の企業はM&Aの業界では知られた会社で、当然ながら人気も高く、経験者採用は競争率１００倍以上という難関として知られていました。ご本人はと言えば、前職も同じ業種だったので経歴や専門知識、スキルの面は折り紙付き。転職への熱意も非常に強く、私からの様々な提案に対しても真剣に、素直に取り組んでくれたのですが、誠実さのゆえか少々口下手なところが不安ではありました。

案の定、一生懸命に練習はしたものの、社長面接では冒頭で相手の気持ちを掴むことができず、ご本人も内心でそのことをはっきり感じ取ったようです。そのままの空気で時間はどんどん過ぎていき、残り5分を切ったところで社長から **「最後に何か、言っておきたいことはありますか？」** と締めのひと言が出た瞬間、〝奇跡の逆転劇〟は始まったのです。

けっしてうまく話すタイプではない彼が、しっかりした声で **「社長、待ってください」** と言い、その真剣な表情に社長はハッとします。その後は時間ギリギリまでありったけの熱意を込め、その会社に入りたいという思いを切々と訴え、それを目指して重ねてきた努力を目に涙を浮かべて語り……気迫に満ちた熱弁には、社長も同席した人事担当者も強く引き付けられたようです。結果、その方は見事に内定を獲得しました。

ヘッドハンターの立場から、後で私が社長ご本人に聞いたところによると、やはり最後の質問をするまでの流れでは、内定見送りのお気持ちを固めていたとか。しかし、残り5分に発揮されたすさまじい情熱に圧倒され、**「ここまでの強い意志、気持ちの力があれば、絶対に活躍してくれるだろう」** と、即座に採用を決めたといいます。まさに9回二死からの逆転満塁サヨナラホームラン、サッカーなら残り3秒の決勝ゴールというほどの快挙ですが、心理学の面から見るとけっして単なる〝ミラクル〟ではありません。

先手必勝のところで「初頭効果」のことを説明しましたが、他人に与える印象としては、これと対になる**「ピークエンドの法則」**が実証されています。人間というのは一番楽しかったり、盛り上がったりした瞬間と、あとは最後しか印象に残らない（＝他の印象は薄くなる）。であれば、その**ピークとエンドを一つに、最も強いインパクトを最後に与えることで相手の印象をコントロールできる、**というのが「ピークエンドの法則」ですが、ここに挙げた例などはまさしくその最高の例と言えるかもしれません。

そして、この法則は（これほど劇的なかたちでなくても）皆さんも次の面接からすぐに応用することができます。それは、採用側から面接の最後にしばしば発せられる**「質問はありますか？」**という問いかけへの反応です。

これに対し、多くの志望者がやりがちなのが給与や福利厚生のこと、休日について尋ねるというパターンで、私などから見れば「最悪」と言えるでしょう。無難なところでは「特にありません」ですが、それではピークエンドの効果はまったく期待できません。ここで返すべきは、ずばり**「内定をいただいたとして、入社までに準備しておくこと、勉強しておくことはありますか？」**という質問です。

多くの志望者が「与えられるもの」しか頭にない受動的な質問を発する中、それとはまったく逆に「与えるもの」を考えた能動的な質問をすれば、面接官は絶対に「ほう！」と驚きますし、それが最後に強い印象を残します。

面接は〝先手必勝〟と〝ピークエンド〟の組み合わせを意識し、思うような展開にならなくても最後の最後まで諦めず、逆に「うまくいきそうだ」と思っても絶対に気を抜かないことが肝心です。例えば面接が終了した瞬間、つい気が緩んでしまい、雑な立ち上がり方で椅子を倒してしまうとか、退出の際にドアをバタン！と乱暴に閉めるとか、廊下に出るやいなやスマホで大声の会話をするなどは、最後の最後に悪い印象を色濃く残すことになり、場合によっては大逆転で不採用という結果を招くこともないとは言えません。

ことわざに「猿も木から落ちる」というのがありますが、それは木から降りる際、もう少しで地面に着くタイミングのことが多い、という話を聞いたことがあります。真実のほどはわかりませんが、いずれにせよ「木から落ちる猿」にはならないよう、最後まで油断は禁物と自分に言い聞かせましょう。

〝ピークエンド〟で、鮮やかに終わりを締める！

小手先のスキルよりも「熱意」こそが決め手になる！

　前項で挙げた〝大逆転〟のキャンディデイト様の場合、訴えた話の内容もさることながら**「強く惹きつけられたのは、真剣そのものの表情だった」**との、社長ご本人から聞いたお話が印象的でした。要は、それまでの準備を徹底して行い、〝常在戦場〟の意識で面接に臨むことが大逆転の前提には不可欠であって、けっして単なるラッキーなどではないということです。

　その点、何度でも強調しておきたいのは、**面接という最重要の場面において、本人の「熱意」が想像以上に大きなウェイトを占める**という事実。本人の経歴や能力といった〝既定値〟だけではない、入社を希望する気持ちの強さや人生や仕事への向き合い方など、すべてを含めた**〝人間力〟**を判断するためにこそ、対面による選考の価値はあるのです。

　データはありませんし、会社による違いはあるはずですが、数多くの企業様をクライアントに持つ私の目から見て、その割合は**能力7：熱意3**というのがまず間違いのないところと言えます。しかも、難関企業や人気企業になればなるほど、能力というのは「あって当然」という見方がされますので、面接においては熱意の面を判断したい、という意識が特に強く働くようです。

もちろん、熱意さえあればそれですべてうまくいくほど面接というのは簡単ではありません。しかし、早い段階から強い熱意を育むことは、能力という面についても必ずいい影響を及ぼし、そこには内定獲得へ向けたプラスのスパイラルが間違いなく生まれます。

この本でも、最初に第1章として「意識編」を読んでもらったのは、能力と熱意の両方をともに大切にしてほしい、との私の考えによるものです。能力の点で「自信がない」と感じているのならなおのこと、**熱意を磨くことから自分の価値を高めていく**――希望を捨てることはありません。

最後には、その人自身の人間力が評価される！

採用側は、時に「試す」こともあると知っておく！

優秀な経営者や人事の担当者の方たちは、人を見抜くプロフェッショナルである一方で難関企業と呼ばれる会社を目指す経験者の皆さんや学生さんのほうも、やはりハイキャリアでスペックの高い人材がそろっていますので、特に最終段階に残るレベルではプロの目でもなかなか見極めがつかないことも、珍しくないといいます。そうした場合、**採用側ではあえて内定候補者を「試す」やり方で、その人の本質を見抜こうとするケースもあります。**

これは、某難関企業で実際に行われている選考法なのですが、最終段階の社長との面接を会食の形式で実施します。その段階までに、半分以上の候補者はふるい落とされ、残った人たちにしてみれば「社長との会食ともなれば、ほぼ大丈夫」との油断も生じるのでしょう。そしてその会食の途中、社長はいきなり黙り込んでしまうのです。わざと黙ってしまうことで、相手がどんな反応をするかを見る。候補者にしてみれば、突然、社長が黙ってしまうわけで、ほとんどが困ったり、パニックになったりしますが、そこに当人の人間性の本質が顔を出すといいます。私が当の社長にお聞きしたところでは、特に「正解」はないといい、うまく言葉を引き出そうと知恵を絞っていろいろ話しかける、何らかの意図をさとってひとまず自分も黙ってしまうなど、対応は人によって様々。とにかく**どう対処するかを見て、追い込まれた際のメンタルの強さや機転、コミュニケーション能力を見る**ということでした。

あるいは会食の後半、適度にお酒がまわったところで「採用決定」をにおわせ、油断した時の態度、表面に出た本性を見るという方法も用いるそうで、超難関の人気企業では候補者をそこまで「試す」場合がある——逆に言えば、それを知っているか、いないかで、こちらとしては対応する際の落ち着きようも、まるで違ってくるはずです。

採用というのは時として、内定を切望する皆さん以上に、会社にとっても真剣勝負という面があります。そうであるなら、孫子の兵法にならって**「彼を知り己を知れば百戦殆《あや》うからず」**を目指すべきではないでしょうか。

採用は戦場だから、どんな場面でも動じずに！

「圧迫面接」をされたら、内定の可能性が高い証拠！

前項との関連になりますが、面接の際にしばしば行われる**「圧迫面接」**もまた、企業側が内定候補者の本質を見極めるために「試す」という意味が大きいもの。その点を知っておくだけで、対応する際の意識もぐっと楽になってくるに違いありません。

そもそも、企業側の採用担当の方たちのホンネを聞けば、多くの方々は、内定を出す可能性が少なからずある相手だけに圧迫面接を課すのであり、明らかに落とそうという相手にはむしろマイルドな対応を心がけるのだとか。それというのも、不採用になった人が必要以上に会社への不満やわだかまりを持つのを避けたい意図が働くのだといいます。面接会場を出れば、候補者もまた消費者のひとりであり、特にＳＮＳの単なるウワサが株価を直撃しかねない現在において、企業側はそうした点に敏感になって当然です。

つまり、キツいと感じるほどの「圧迫面接」を受けるというのは、**内定の可能性が高い、あるいはボーダーラインにあるからこそ**のこと。それを知っていれば、皆さんも必要以上にドキドキする必要はなくなります。

実際、私はキャンディデイトの皆さんに、面接後の感想や印象をレポートにしてもらっていますが（これについては184ページで詳しく説明します）、これを採否の結果と照らし合わせると、「冷たい対応でキツかった」のに内定が出たり、「良好な反応だった」にもかかわらず残念な結果になったり、というケースに出会うのは珍しくありません。もちろん、とてもいい印象そのままに内定獲得という例もあり、一概には言えませんが、その場の印象だけで一喜一憂するのはあまり意味がないということだけは確かです。

圧迫面接、恐るるに足らずの気持ちを持って、過剰な緊張に囚われないようにしてください。

その場の印象で、一喜一憂する必要はない！

好印象のため、言葉以上に非言語の情報を意識する！

――「メラビアンの法則」を徹底活用せよ①

志望者と面接官が直接、向き合ってのやりとりをする面接では、言葉以外の要素が皆さんの想像以上に大きなウェイトを占めています。

コミュニケーションに関する心理学に**「メラビアンの法則」**という理論があるのを、聞いたことがあるでしょうか？　これは今から50年ほど前に、アメリカのアルバート・メラビアンが検証、発表したもので――

人間の印象は、言語による情報が7％、聴覚による情報が38％、視覚による情報が55％という比率で影響を受ける。

――という法則性を示しています。

すなわち、**人と人が対面のコミュニケーションをする際は、話す言葉の内容や意味よりも、**

声の質・大きさ・口調や速さ、あるいは口ぐせなどが大きなウェイトを占め、見た目や姿勢、しぐさ、表情などがそれ以上に重要だというのです。コミュニケーションと言えば、話す内容（言語情報）が最も大切という常識とは逆に、実際にはそれ以外の**聴覚や視覚による部分（非言語情報）の影響が大きい**というわけで、面接の場面などはその典型的なシチュエーションだと言えるでしょう。

実際、私がクライアントの企業様の採用担当の方たちに聞いた話でも、身なりを始めとする視覚情報が結果に影響する場合は極めて多く、大切なのは「清潔感とアピアランス」とのこと。アピアランスというのは直接には「外見」という意味ですが、この場合は「自分が相手にどう見えるか」というような意味だと考えてください。

私としては、人を外見だけで判断するのはいけないこと、という考えを正しいと思っていますし、中身のない人が見かけだけを飾ったところで、遠からず馬脚をあらわすのは間違いありません。ただ、友人などで何年もの付き合いがある場合とは違い、**面接というのは初めての人間同士が30分から1時間ほどという限られた時間で相手を評価する、特異な場面**です。そうであれば、そこで最も大きく作用する条件を意識し、完璧にととのえるのは当たり前のことではないでしょうか。

メラビアンの法則にのっとれば、**面接の場で相手を引き付けるかどうかは、皆さんが最初のひと言を口にする以前、部屋に入って面接官があなた自身を見た瞬間に決定してしまう**と言っても過言ではありません。この章の最初に挙げた〝先手必勝〟という鉄則についても、面接の最初も最初、極端な場合はパッと見て3秒とか5秒とかが、勝負の分かれ目になると言えるでしょう。

それならば、面接官の視覚と聴覚にいかにいい印象を与えればいいのか？　まずは「メラビアンの法則」を知ってもらったところで、次の項目では具体的な対策のポイントをお教えします。

印象とはわずか数秒、視覚と聴覚によって決まるもの！

服装や髪型などのアピアランスは、ここまで影響する！
――「メラビアンの法則」を徹底活用せよ②

面接の際、採用側に与える視覚情報については、姿勢やしぐさ、表情といった、意識して訓練することでととのえられる部分と、服装や髪型など一定のお金をかけなければならない部分があります。

うち、訓練でととのえられる部分は、前にも書いたように録画をしてのシミュレーションを何回となく繰り返すうち、確実に洗練させられるもの。姿勢や歩き方、座り方などを身に付けられるほか、貧乏ゆすりや必要以上に多いまばたき、落ち着きのない手の動きなどの気になるクセは自ずと矯正できるでしょう。

一方、何をどのように着ればいいのか、ヘアスタイルはどうすればいいかについては、毎日のように鏡を見ても、なかなか正解が見つかりません。なぜなら、**服装や髪型には我流の判断よりも、専門知識やセンス、さらに会社ごとの文化の差が関わってくる面が大きい**からです。

であれば、ここは専門家の知恵を貸してもらい、多少のお金をかけても、面接のための外見コーディネートをするべきではないでしょうか？　具体的には、大手デパートやスーツ専門店などの信頼できる店で、就職や転職の服装を知り尽くしたアドバイザーに相談。その際は、自分の志望する業界や業種、さらに会社名などもできるだけ詳しく話し、それにふさわしい一式をそろえてもらうのです。

特に、いわゆるドレスコードに敏感で、外見による判断が重要な欧米では、ビジネスパーソン個々人が自分専用のファッションアドバイザーを決め、大事な場面にはそのアドバイスに基づいた服装をととのえるのが常識とのこと。日本にはまだまだそこまでの文化はありませんが、老舗のデパートやビジネスパーソンが顧客の多くを占める大型専門店には、そうした点に通暁したプロフェッショナルが必ずいます。そうした専門家は、当人の身長や体型といった部分を見て、最適なサイズとデザインを判断し、必要な調整するのはもちろん、業界や業種によって注意すべきところも知り尽くしていますので、まずはそこから始めれば大きな間違いをする心配はありません。

髪型についても、難関企業や人気企業がひしめく都心やオフィス街には、エグゼクティブが行きつけにする技術と信頼の高い理髪店、ヘアサロンが必ずあるものです。そこで、同じようにアドバイスを受ければ、個々の顔立ちや髪質に加え、業界や業種ごとの面接に合わせた満足のいく調髪をしてくれるでしょう。

にもかかわらず、実際にはちょっとした手間と出費を惜しむ人がまだまだ多く、自己判断の面接ファッションのまま本番に臨み、第一印象でアウトとなっているのは実に残念だと思います。しかも、要注意なのは新卒採用の学生さんよりも経験者採用を目指す皆さんで、私が見ても「不採用は当然」という例に出会うのはしょっちゅうです。

とりわけ見落としがちなのは、**業界や業種ごとの〝文化〟の違い**という点で、シャープさや信頼感、あるいは洗練や上質さを重視する金融業界、質実剛健や安心、安定を重んじる製造業、流行やセンスの面もチェックされるメディア業界など、求められる外見上のポイントは意外なほど幅があるもの。**そうした違いも考えずに現在の自分が属する業界の〝常識〟を押し通したのでは、異業種へのチャレンジなどうまくいくはずがありません。**私が、経験者採用の場合ほど要注意と強調するのは、その点に特に気を付けてほしいからです。

一方、専門のアドバイザーでもなかなか知っている人がおらず、見落としがちなのが**個別の会社ごとの文化の違い**です。例えば、これまでにもたびたび例に挙げてきたM&Aキャピタルパートナーズの場合、金融の中でも特に服装には厳格で、社員の方たちは真夏の暑い盛りでもけっしてネクタイを緩めません。それを知らず、自分の会社が「夏はクールビズ」という常識のまま、夏場の応募で履歴書に貼る写真をノーネクタイにしたら、それだけで書類の文字は1字も読まれずアウトの可能性もあります。髪型にしても、男性であれば清潔感あふれる短髪で整髪料できちっと固めたスタイルが会社の〝文化〟として定着していますので、それからはずれると即マイナスの印象に繋がってしまうでしょう。

会社ごとの違いという点では、**それぞれのシンボルカラー**というのも重要で、例えば爽やかなブルーカラーでブランディングされていて大人気企業で知られる東京海上日動火災保険やANA、こちらに内定した男性で、履歴書の写真も面接の際もネクタイをブルーになど意識されている方もいました。それも、会社のHPまで確認し、店頭にある最も近い色のブルーを選んだのです。同じように、三井住友銀行ならグリーン、みずほ銀行なら深い青、三菱UFJなら赤というように、徹底することは採用側に確実に好印象を与えます。

さらに言えば、**経営者の色の好み**という点も考え得るポイントです。例えばM&Aキャピタルパートナーズでは、中村悟社長が赤いネクタイを好まれて何十本もお持ちだというのが有名な話。であれば、面接の際にあえて1カ所（ネクタイやポケットチーフなど）だけ赤色を取り入れるのも、人事の方の目を引くポイントになるかもしれません。

こう書くと「そこまでやるの？」と感じる人もあるかもしれません。でも、人生を決める場面であれば「そこまでやる」のが当然ではないでしょうか。しっかりしたものをそろえると十万円以上の出費が必要なスーツ、あるいは靴、鞄（これらの選択も重要です）とは違い、ネクタイやポケットチーフであれば数千円から1万円の範囲でバリエーションを増やせるわけで、そこを惜しむようでは勝利の神様はほほ笑んでくれません。

ここで書いたことは、多少ともお金のかかる部分もあり、新卒採用の学生さんにはそのまま実践するのが難しい部分があるとも思います。そもそも**新卒採用の場合は幅広い業界・業種に挑戦するため、より一般的な外見上の注意（清潔感やフレッシュなイメージなど）に配慮するべき**ですが、その際も本項で挙げた考え方を知っておくことは必ずプラスになるはずです。

メラビアンの法則、色を使ったカラーリング効果などについては、238ページからの高橋愛さんとの対談でもさらに深く掘り下げていますので、ぜひあわせてお読みください。

業界・会社ごとの〝文化〟を知り、色にも意識せよ！

声のトーン、視線の動きまで、とことん気を配る！
――「メラビアンの法則」を徹底活用せよ③

メラビアンの法則に関する話の続き――人と人が面と向かって対話する際、相手の印象に大きく影響を及ぼす要素として、**声の質や高さ（トーン）**、あるいは**視線の動き**というのも挙げられます。

会話というのは、話す内容は脳に訴える部分が大きいとして、それ以前に**聴覚にダイレクトに響く〝音〟としての刺激が、極めて強い印象を与える**もの。特に、面接などの限られた時間で、初対面というシチュエーションではなおさらです。

コミュニケーションに関する研究では、低く太い声質は安心感や落ち着いた印象になり、カン高い声の場合は感情的で頑固なイメージに繋がりがちと言われます。同じように、張りのある豊かな声は熱意や健康、リーダーシップなどを感じさせますし、力のない声を聞くと弱々しい印象をうけるものです。

舞台俳優の世界では**「一声、二顔、三姿」**と言われるそうで、確かに声質というのはその人のイメージを決める大きな要素。であれば、皆さんにはぜひともこの点を意識してもらう必要があります。実際、言葉で「熱意があります」「健康には自信があります」と言ったとして、それを語る肝心の言葉が弱々しく自信なさげでは、こちらの気持ちを受け取ってもらうのは難しいでしょう。

といっても、声の質というのは生まれつきの部分が大きく、訓練で大きく変えられるものではありません。ただ、**質は変えられなくても、高さやしゃべる速さなどは工夫の余地が十分にあります**ので、前にも書いた繰り返しの録音と聴き返しによるチェックを通じ、面接で求められる熱意・健康・快活・落ち着きといった印象をできるだけ身に付けるようにしてください。

一方、視線というのも、面と向かっての会話ではかなり気になる部分です。キョロキョロと落ち着きのないのはもってのほかとして、真正面からあまりジーッと見つめられるというのも、相手には気づまりということもあります。特に面接の場では、真剣さのあまりにらみつけるような視線になるので、注意が必要かもしれません。

そうした場合、**自然な視線のやり場というのは、一つには面接官の首元、ネクタイの結び目あたり**という説があります。ただ、それですとやや下向きになることもあり、熱意を感じさせるためにも、ここはやはり面接官の目を見るようにするのがいいでしょう。

ただし、相手に必要以上の圧迫感を与えないため、目の瞳を見つめるのではなく、目の輪郭を見るような意識で見るのです。

最初はちょっとやりにくいかもしれませんが、ご家族や友人を相手に練習してみると、感覚が掴めると思います。あわせて撮った動画を確認すれば、自然な視線になっているのがわかるでしょう。

発声の仕方にせよ、視線のやり場にせよ、日常の自分とは違う、もう一つのスタイルが自然に使い分けられるというスキルは、面接だけでなく、入社後のビジネス現場でもおおいに役立ちます。ぜひ、トライしてください。

声はトーンや話す速度に注意、視線は相手の目の輪郭を見る！

他社の選考情報に、「御社だけ」と答えないほうがいい！

経験者採用の面接の場でしばしば聞かれる質問に、他社の選考情報があります。要は**「うちの会社以外、どんな会社を受けていますか？」**という、あの質問です。

これに対して「いいえ、御社だけです」と自信を持って答える人がいますが、残念ながら正しい答えとは言えません。ヘッドハンターの中には、一途さをアピールするためにも「御社だけ」をアドバイスする人もいます。しかし、数多くのクライアント企業様のご担当と太いパイプを持ち、ホンネの話を聞いているプロ中のプロの私からすると、そのアドバイスは明らかに間違いです。

なぜでしょうか？　採用側の気持ちからすれば当然のことで、「じっくり見よう」とするあまり、内定を出すのが遅くなるからです。

この質問への理想的な回答例は、例えば三菱ＵＦＪ銀行受験なら、「同業のみずほ銀行さん、三井住友銀行さんも比較させていただいて次回それぞれ3次面接、外資ではゴールドマン・サックスさんの内定をいただいています」であり、**採用先から見て「この人、ほしい」と思わせる情報を正直かつ積極的に開示することは、必ずプラスに作用します。**

考えてみてください。既に数社、同業他社の面接でいいところまで進んでいる、あるいは既に内定をもらっている人材であれば、それだけの価値を認められているという証拠です。それをあえて落とすという決断は、人事の担当ならまだしも、面接に駆り出された他部署の人間には難しい、というのが人情でしょう。

逆に「御社だけ」と言われると、相手は「大丈夫だろうか」と内定を出すのに慎重となり、皆さんとしては必要以上に厳しい目で吟味されるのを覚悟しなければなりません。難関企業、人気企業ともなれば、「それは、うちの年収が高いから、それが目当てということ？」とか、「金融の仕事というのなら、〇〇さんや、□□さんも受けるべきじゃない？」などと、厳しい質問が次々に発せられることも十分にあり得ます。

心理学に**「ハロー効果」**というのがあり、このハローとは「後光」すなわち神様の後ろからピカッと輝いている光のこと――それと同じく、**ある特徴に引きずられて評価がプラス（時にはマイナス）になる心理的な傾向**を言います。この場合で言うと、他社の面接が進んでいたり、内定が出ているとの情報が志望者の後光となって、プラスの評価へ繋がりやすくなるというわけです。採用というのは、志望する側にとっては人生のかかった大切な局面ですが、それは企業側にとってもまったく同じこと。**優秀な人材を厳選し、ひとりでも多く確保するのは、組織としての大命題**であることを忘れるべきではありません。

実際、私が多くの人事担当の方たちに聞いたところでは、どの会社も採用にあたって**「他社に採り負けるな」**という点を強く指示されるのだとか。そんなプレッシャーの中で、他社から高い評価を得ている人材を見送るのは、担当として難しいのが当然でしょう。仮に、不採用にした人材が他社で目覚ましい活躍をするようなことになれば、人事の担当は確実に評価を下げてしまうはずです。

このように書くと、中には「ならば、ハッタリで他社の内定をもらっていると言えばいいのでは？」などと考える、ちゃっかりした人もいるかもしれません。でも、それはやめておいたほうが賢明です。

企業側が他社の採用に関する情報を入手することは法律で厳しく禁じられており、その点でハッタリが見抜かれる心配はないものの、先にも挙げたように優れた面接官というのは人間を見抜くプロ。たとえ「他社に採り負けるな」とのプレッシャーがあったとしても、志望者のウソを見破るなど簡単です。事実、私もそうした例はたくさん聞いており、その場合の面接官は話題に出た他社の選考情報について、本当に受けていないと答えられない、とっておきの質問を投げるとのこと。皆さんが不心得な気持ちを起こさないよう、これ以上は差し控えますが、私から見ても「なるほど」という質問であり、つまらないことは考えないのが得策でしょう。

他社の選考情報というのは、意外にも、面接における採用基準で皆さんが考えている以上に非常に大きなウェイトを占める部分です。実際、私がヘッドハンターとして企業様からフィードバックを受ける際、キャンディデイト様に関して**「併願他社の状況とチョイスが良かった」「きちんと業界全体に目配りをしている」**という内定理由が挙げられることは少なくありません。

私自身もキャンディデイト様には、1社に絞らず数多くの会社を受けることをすすめていますが、そもそも**就職や転職とは狭い思い込みを捨て、本当に人生を幸せにする途を求めること**のはず。皆さんもぜひ、広く様々な業界、企業に挑戦し、それを自分の「後光」にしていってほしいと思います。

幅広い併願のチョイスは、あなたを輝かせる！

希望年収を高く言うと、落とされることがある！

経験者採用の面接でよく聞かれる重要な質問として「希望年収」があります。これについては、キャンディデイト様からもしばしば「正解」を尋ねられるのですが、そんな時は**「高く言うのはNGでしかありません」**と指導しています。

こうしたことをはっきり書けるのも、私がヘッドハンターとして数多くのクライアント企業様のご担当からホンネの声を聞いているからで――

「半沢さん、いい人を紹介してくれてありがとうございました。優秀だし、コミュニケーション能力も高いし……。でも、ごめんなさい。**希望年収が高くて、NGなんですよ**」

というような「お見送り」の理由は、実際のところ本当に多いのです。

これは本当にもったいないことで、候補者の皆さんが内定前と内定後の立場の違いを理解していないために、残念な結果になっていると思います。

考えてみてください。内定を出すまでの局面では、何と言っても**採用する企業側の立場が上**になってしまいがちです。そこでは当然、年収が折り合わないことも簡単に「お見送り」の理由となりますので、**「低くても頑張ります」**という姿勢を見せておくに越したことはありません。でも、ひとたび内定をもらえたなら、立場は変わります。前項で書いたように、採用側としては「他社に採り負けるな」という意識になりますので、せっかく内定を出した相手に辞退してほしくないのは当然です。

そうなって初めて「実は他社から、高い年収で内定をオファーされているのですが……」と申し出れば、普通に提示額を上げてもらえます。

だからこそ、**面接の時点で最初から過度に高めの年収を希望するのは、絶対にやめておくべき**なのです。あくまで条件合わせ、それ以上に入社への意欲を確認し、ふるいにかけるための質問だと、相手の質問に隠された意図を見抜かなければいけません。これがわかっていないために、優れた人材が落とされる例は世間に数多くある――だからこそ、私の場合はキャンディデイト様にこの点を特に強調しています。

では、この質問に対してはどう答えておくべきか？

それには二つのパターンがあり、一つ目は**「他社さんからもそれなりの年収で内定をいただいていますが、私としては御社で働きたい気持ちが一番です。とにかく御社で頑張りたいので、年収は関係ありません」**というもの。その場合は具体的な数字として、あり得ない額（例えば「300万でも頑張ります」とか）を挙げて、**とにかく入社したい熱意だけを訴えます。**

もう一つは**「希望年収は○○○ですが、最低希望としては□□□です」**と二つを並べて答えるようにし、特に最低希望のほうを低くすることで、リスクマネジメントをしつつ希望はそれなりに伝えておく、というもの。

いずれの場合も金額を気にする必要はなく、内定への意欲をたとえる一種の比喩にするわけです。

こうした点を教えられるのも、私が採用の〝内幕〟を知り尽くしているからで、そうでないヘッドハンターからはけっして聞くことはできないでしょう。結果、キャンディデイトの方たちは「せっかくだし高く言っておこう」と本心（よりもやや高めに）を答えてしまい、残念な結果になる。そんなことにならないよう、皆さんには相手の質問の裏にあるものを察知し、賢い対応をしてほしいと思います。

質問の意図を知り、低めの最低希望年収を答えよ！

後ろ向きの転職理由は、自分の価値を下げるもと！

「希望年収」と並んで、せっかくの優秀な人材が落とされてしまう質問に**「転職理由」**というのがあります。

考えてみれば、転職というのはほとんどの場合、前職にマイナスの部分があるからこそ考えるわけで、純粋に「キャリアアップのため」という人でも、底の部分では「今の仕事ではキャリアはアップしない」という意識があるのは間違いないでしょう。さらに言えば、私の見るところ8割以上の皆さんが、よりネガティブな思いを前職に抱いているのは確かだと思います。

最近で言うと、典型的なのが上司のパワハラを始めとする各種のハラスメントで、実際に転職理由にこれを挙げるケースは少なくありません。しかし、あいにくと**採用側はそれを素直に**

は受け取らないのです。

組織というのは多様で多数の人間が集まっている社会であり、そこでは一方だけに問題があるという「決定論」よりも、両者にそれぞれいくばくかの問題があるのではと考える**「確率論」**が多く用いられます。

誤解を受けないように言っておきますが、実際には一方だけが極端にひどい場合でも、そのようにとらえられがちなのが会社などの組織だということです。

それだけに、転職理由を聞かれて「上司のパワハラ」と答えると、採用側は**「この人にも何らかの問題があったのではないか」**と懸念してしまう。それでは、最初からマイナスの色眼鏡をかけて見られてしまうようなもので、せっかくの優秀な部分もごっそり値引かれることでしょう。

実にもったいないことで、ここは何としても、相手にポジティブな印象を持ってもらう理由を答えなければなりません。

私がキャンディデイト様におすすめしているのは、**業界や業種に対する前向きな気持ちを伝える**という方法です。例えば、M＆A業界での面接なら「現職の金融機関での仕事を通じ、大小様々な企業様の経営者の方たちとお会いする中、事業継承という問題に直面してM＆Aを通じてのお手伝いをしたいと感じました」というように、**過去へのこだわりよりも前向きの未来志向を表明すれば、面接官の印象は確実にいいものになります。**

もちろん、これは一つの回答例であり、**個々の業界や会社に応じてのポジティブな理由**をしっかりと考えておかなければいけません。中には、テンプレートのような答えを教えてもらいたがる人もいますが、テンプレはしょせんテンプレであり、何度も言うように人間を見抜くプロフェッショナルの目からは、すぐに底が割れてしまうでしょう。

先ほどの確率論とともに、組織の視点から言えば**「自責志向」か、「他責志向」かという部分は相当に重要**です。「組織が悪い」「上司が悪い」という他責志向だけの人は、どれほど素晴らしい企業に入っても必ず不満を抱くだろう――人事の担当者でなくとも、容易に予想がつくのではないでしょうか。

転職理由において、**他責志向やネガティブな答えは嫌われこそすれ、けっして高評価をされることはない**のです。

ポジティブな理由一択、未来志向で前向きに答える！

関わった人には"1秒でも速く"、お礼メールを!

面接が終わったら、何をおいてもすぐにやるべきことが二つあります。一つは、**終わったばかりの面接の内容を記憶が鮮やかなうちにまとめるレポートの作業**（これは184ページで詳しく説明します）。そしてもう一つが、**これまでに関わった採用側の方へのお礼のメール**です。

もちろん、転職でヘッドハンター経由受験の方は、ご担当のヘッドハンターさん経由です。

特に、お礼のメールはそれこそ**"1秒でも速く"**差し上げるべきで、OB訪問で会った先輩や面接の段取りをしてくださった人事の方など、お世話になった相手にはもれなく送るようにしてください。実際の話、優れた人事担当の方たちは**お礼メールを事後の評価の対象とし、それが送られてくる時間までチェックしている**ことも珍しくありません。ましてや、絶対にあってはならないことですが、面接に遅刻したりした場合などは、お詫びのメールの早さによる挽回さえ期待できる可能性もあります。

お礼、お詫びと言うと、単なる儀礼、ささいなことと侮って「あとでいいや」と考える人もいるようですが、ビジネスというのは、すべからく**相手への敬意と時間が最重要**であり、人事担当の方たちもまた**「一事が万事」**とその点を重く見ることを忘れるべきではありません。この点については、社会人としての自覚がある経験者採用の志望者より、新卒採用の学生さんに甘えがあるように思いますので、自分の平素の時間感覚を厳しくチェックしてください。

一流のサービス業、例えば帝国ホテルやザ・リッツ・カールトンホテル、あるいはエルメス、ハリー・ウィンストンを始めとするハイブランドなどは、上顧客に対するサービスの基本として、お礼のための素早いグリーティングを欠かさないと聞いたことがあります。皆さんにとって、人生を賭ける面接の場であれば、その意識を見習って〝1秒でも速く〟メールをするのは、ごく当然のことと言えるでしょう。

そしてそれは、面接に限らず、採用の段階すべて——OB訪問、説明会、人事との面談など、あらゆる場面で求められるということを、くれぐれもお忘れなく。

メールまでの所要時間も、評価の対象に！

内定の理由、「お見送り」の原因を考え抜くべし！

読者の皆さんはあまり知らないことかもしれませんが、ヘッドハンターの仕事は経験者採用を目指すキャンディデイト様と、優秀な人材を求めるクライアント企業様の間を最高のかたちでお繋ぎすることを目的としています。もちろんそこには、単に経験者採用の求人をキャンディデイト様に通知するだけの〝メッセンジャー〟的な業者から、様々な企業から一部選考権限を特別に委ねられ、個々のキャンディデイト様ごとに最適の企業様をご紹介し、内定獲得へ〝二人三脚〟でのお手伝いをする私のような立場まで、まさに玉石混交。レベルと実績における違いは、圧倒的です。

それが最もはっきり表れる点の一つが、前項でも触れたクライアント企業様からの、個々のキャンディデイト様に関するフィードバックで、そこには書類選考の段階から数次の面接ごとに、内定の決め手となったポイント、逆に不採用すなわち「お見送り」になった理由などが、実に詳細に書かれています。こうしたフィードバックを受けられるヘッドハンターは、業界でもひと握りのトップクラスだけですが、これがキャンディデイト様にはおおいに役に立つのです。

転職活動の経験がある方なら、企業から送られてくる本人宛ての「お見送り」の通知は見たことがあるでしょう。そこには、さらりと「弊社の社風に合わず」というような文言しか書かれていませんが、**ヘッドハンターへのフィードバックには、実に詳しく「ここがダメだった」「ここがネックだった」という点が、これでもかと列記されている。** トップクラスのヘッドハンターは、そのマイナスのポイントをキャンディデイト様にさらにフィードバックし、次の会社の面接へ向けて修正点をアドバイスするわけです。

もちろん、ほとんどのクライアント企業様ではヘッドハンターへのフィードバックの内容は本人へ開示を禁止していますので、私のほうで特に重要な点のみ意識してアドバイスするかたちになりますが、**「お見送り」から得た貴重な教訓はキャンディデイト様にとって何よりの糧**——たとえ上の段階の面接に進めた場合も、すべてにおいて大絶賛というケースは皆無で、何かしらマイナスの指摘はされていますから、次の面接に向けての補強ポイントも発見できます。

そうした見地に立てば、「お見送り」にせよ、次の段階に進むにせよ、その場限りで一喜一憂するのではなく、**なぜダメだったのか、評価された点はどこだったのか、**自分自身でしっかり振り返ることが非常に重要と言えるでしょう。

実際、二次面接に進んだという場合でもライバルと横一線ではなく、本来は一次で「お見送り」になっていたところ、採用側が「もう一度だけ見ておこうか」という〝首の皮一枚〟なケースも多いもの。時には、最終面接まで進んで、そこでの評価も高かったのが、一次面接でのマイナスな点が災いして結局「お見送り」ということもあり、**採用への選考プロセスは各段階を「突破」するというイメージではなく、あくまで全体を通じての「総合力」で判断されると考えるべき**だと思います。

今回の挑戦がどうしてダメだったのか？　うまくいったとして、次までに修正しておくべき点はどこなのか？　**企業から送られてくる通知に現れない、深い理由というのは絶対にある**はずで、新卒採用の学生さんもぜひそうした意識を持ってほしいところです。そしてもちろん、経験者採用を目指す皆さんにはぜひとも信頼できるヘッドハンターをパートナーにしてください。

「お見送り」をただの残念なお知らせで終わらせるか、次へ繋がる一歩にするか、内定獲得における大きな大きな分かれ道です。

採用は「総合力」が見られるからこそ、反省は〝宝〟!

毎回の面接は、1時間以内にレポートにまとめておく！

採用側から私たちになされるフィードバックとともに、実に大きな価値を持っているのが、**面接後にキャンディデイト様からいただくレポート**です。

おそらく、ヘッドハンターの中でも他に言う人はあまりいないと思いますが、私はキャンディデイト様に面接が一つ終わるたびごとに、**面接での質問とそれに対する回答、そして所感といった点をできるだけ詳しくレポートする**よう、強く指導しています。それも、**終了後1時間以内に**、です。面接が終わって、建物の外へ出たら、すぐに近くのベンチやカフェなどに座って、こちらがお渡ししたフォーマットに、覚えていることをとにかくすべて書いてもらいます。

これはヘッドハンターである私にとっても、またキャンディデイト様ご自身にとっても非常に大きなメリットがあり、私にとっては多数の案件で多忙な中、毎回電話での報告を受けるより、フォーマットに即して効率的に拝見できる。一方、キャンディデイト様としては、**直前の面接でのビビッドな体験を書き記すことで、先へ進んでの面接や他社での面接に有益な情報、自分自身の出来不出来とその理由への考察、すぐに補強・修正しておくべき点を振り返ることができる**というメリットがあります。この点、レポートは経験者だけでなく、新卒採用の皆さんにもぜひやってもらいたい有益な習慣であることは、言うまでもありません。

もちろん私のほうも、いただいたレポートはすぐに熟読し、必要な指示・指導をいたしますし、場合によっては面接の状況を踏まえて、相手先のクライアント企業様へスピード感を意識してすぐにご連絡することも珍しくありません。特に「好感触でなかった」という内容がレポートされていた場合など、担当者の方に状況をうかがい、マイナスの点があればできるだけ聞き出すとともに、「今日は○○について、本人も十分にお答えできていなかったと感じているようです」と次の段階へ進めるよう極力フォローアップをしています。ただし、そうしたメリットやアクションも、とにかく面接直後に時をおかずレポートしてもらわなければ、何にもなりません。効果は半減どころか、限りなくゼロに近づいていってしまいます。

心理学の世界で、人間の記憶と時間経過の関係を検証した**「エビングハウスの忘却曲線」**という研究があります。19世紀の心理学者であるヘルマン・エビングハウスによる学説ですが、

エビングハウスの忘却曲線

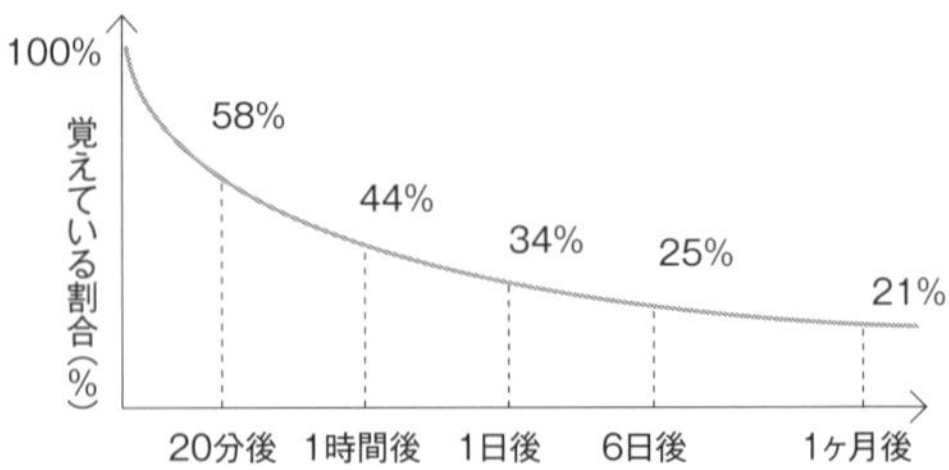

それによると**人間の記憶は1日24時間も経たないうちに、74%という大部分が忘れられてしまう**とか。しかも、特に忘却のスピードの速いのが最初の段階で、20分後には42%、1時間後には56%の記憶が失われるといいますので、レポートはとにかくすぐに、体験が生き生きしているところで拾い集めなければならないのです。

このように、人の記憶ほどあてにならないものはありません。にもかかわらず、記憶力に自信があるという人ほど、この作業をないがしろにするのは残念なことだと思います。実際に、面接の緊張から解き放たれた瞬間、ポーンと記憶が飛んでしまうことは、どなたも経験があるでしょう。**自分はできるという人こそ油断をせず、レポートによる振り返りをすぐに実行してほしい**と思います。

記憶が失われないうちにビビッドな体験を書く!

第４章

内定を勝ち取る！ 48の鉄則 ［極意編］

――徹底した準備、
ゆるがぬ信念がカギを握る！

本番を目指して、1000の準備を心がけよ！

私は、キャンディデイト様や新卒採用のアドバイスを求める学生さんに対し、いつも**「1000準備をして、本番で10出せればいい」**と口を酸っぱくして言っています。この場合「100準備して、1出す」でも割合は同じですが、ここは**小さくまとまらずに1000を目指すべき**です。

一流を目指すなら、それが当たり前であり、とにかく準備の徹底を心がけることが成功に繋がります。にもかかわらず、**ほとんどの人が100のうち1どころか、使わずに終わる99をもったいないと考え、まともな準備をせずに本番に臨み〝玉砕〟してしまっている**のです。実にもったいない、と言うしかありません。

例えば、ネットで情報を収集するといっても、せいぜい志望する会社のHPをさらっとチェックする程度（驚くべきことに、それすらしない人もいるのです）というのでは、徹底からはほど遠いでしょう。

そうではなく、**HPの下位に設けられた採用向けのページ（「ようこそ！ 人事部へ」などと見出しがついています）へ進んで、スタッフの方のプロフィールまでじっくり読んでおく。**人事部の方とは採用にあたって直接に接触し、面接官として顔を合わせる可能性が少なからずあるからです。また、企業によっては面接官の方まで紹介されている場合もあり、一人ひとりの顔とプロフィールを熟読し、出身地や経歴、仕事への考え方、もし公開されていれば趣味などの情報も見ておくと、のちのち思わぬ役に立つ（趣味が一緒➡面接時にさりげなく類似性をアピールできる、など）かもしれません。

ほかにも、トップページの最近のトピックだけでなく、**企業の沿革や過去の詳細な業績、あるいはIRのページも読んでおく**など、とことん掘り尽くすつもりで隅々まで読むことが大切です。最近は、情報があまりに多く氾濫しているためか、かえって〝読み飛ばし〟をしてしまう人が多く、そのせいで最も大切なところを見過ごしているのは、困ったことだと思います。

企業によってはHPだけでなく、**FacebookやTwitterなどのSNSでの情報発信をしており、さらに突っ込んだ内容の話題や採用に関する「ここだけ」の情報が予告なしに掲載さ**

れるなど、定期的なフォローも重要です。あわせて、人事担当や面接官の方がそうしたサービスを利用している可能性も調べたうえ、「これ！」というアカウントを見つけられたら、ぬかりなくチェックしておきましょう。そこまでやって、情報収集の準備に関してはようやく「合格点」というレベルです。

一方、徹底した準備には**「あえてやらないでおく」**ということも含まれます。

例えば、新卒採用の学生さんで履歴書の内容も文句なし、アピアランスの点でもヘアスタイル、服装すべてがきっちりしている——普通なら文句なしというところ、**過去のSNSに茶髪のロン毛でアブないくらいに弾けている写真が載っていたために、内定をフイにする**ということもないわけではありません。最近も軽い気持ちでアップした迷惑系の動画のため、人生を棒に振りかねないほどの大炎上をした例があったように、ネット上に一度流出させてしまった〝黒歴史〟は、本人の思わぬところでつまずきのもとになる、という点を知っておくのもまた立派な「準備」でしょう。

もちろん、企業側がそうした部分まですべてチェックしている、というわけではありません。

SNS自体もリテラシーを持って使えば、プラスの評価へ繋がる現代社会に不可欠のツールですが、使い方によっては将来のマイナスになる恐れがあることも知っておくのが、賢いあり方だと思います。

それこそ、第1章「意識編」で強調した**「逆算して考える」**姿勢であり、**すべからく優れた準備にはその姿勢が重要になる**のです。

“読み飛ばし”厳禁、人事担当者のSNSも見逃すな！

手書きの「自己分析ノート」で、動機とアピールを磨く！

就職・転職で、しばしば言われるのが**「自己分析」**の重要性です。

皆さんは、何となく「自分のことは、自分が一番よく知っている」と考えているはずですが、実のところ「自分は最も身近な他人」であり、本当のところは少しもわかっていないかもしれません。**自分はどういう人間で、長所はこう、短所はこう、何を幸せと感じ、どんな生き方をしたいと思い、そのためにどんな仕事を、どんな会社でやりたいと思っているのか**……考え始めると、驚くほどに曖昧で、あれこれ迷ううちにますますわからなくなる。それが、**本当の自分を知る＝自己分析**のやっかいなところで、下手をすると泥沼の〝自分探し〟にハマってしまい、志望動機や自己アピールといった選考プロセスに最重要の点さえ、あやふやになりかねません。

前に、孫子の**「彼を知り己を知れば百戦殆《あや》うからず」**という言葉を引きましたが、相手どころか自分のこともわからないのでは、どうしようもないでしょう。

そこで、おすすめしたいのが、**アナログ式の「自己分析ノート」**です。

やり方は簡単で、**用意したノート（ごく普通のものでOK）に、頭に浮かんだことをとにかくアナログで書く、書く、書く**——たったこれだけ。勉強中も、仕事中も、移動中も、走っている時、夢から覚めた時、トイレの時、思いついたらすぐ、殴り書きでもかまいませんので、紙の上に吐き出してください。

スマホやパソコンではアプリを起動したり、一文字ずつ入力したり、そんな手間がかかりますし、きれいなフォントよりも自分の少々汚い字のほうが、強い刺激となって頭に突き刺さります。だから、アナログがいいのです。

思いつくことを迷わずどんどん書くのですから、例えば**子どもの時の思い出や青春時代の記憶、楽しかったこと、悲しかったこと、つらかったこと、家族や友人など周囲にしてもらったこと、逆に自分がしてあげたこと**……ノートの冊数が増えていくとともに、どんどん湧き出てくるでしょう。そうなれば、しめたものです。

毎日毎日書き続け、何度も読み返していくうち、次のような二つの〝軸〟が必ず見えてくるようになります。

一つは、**自分は何に喜びを感じるのか？（志望動機の根っこ）**
もう一つは、**自分は何が得意なのか？（自己アピールの根っこ）**

これこそが、自己分析の核となる部分であり、あとはおぼろげな輪郭をはっきりさせていくだけです。

私の例で言えば——①あまり裕福でない家庭で育ったこともあり、家族同士が助け合う子ども時代を通じて、尽くすことが好き。②向上心が強く、勉強でもスポーツでも趣味でも、とにかく一番（トップ）を取るのが好き。③学生時代の徹底した就活を通し、いろいろな仕事や会社や人を見て、勉強するのが好き。④たくさんの友人や仲間との出会いのおかげで、他人の優れた点を見つけるのが好き。特技は、美点凝視。そして、⑤就職・転職という〝人生大逆転〟のドラマが好き。

そして、得意なことは——①高校時代も勉強の苦手な友だち（序章で登場した彼女もそうでした）を教えたり、家庭教師で教え子の成績を軒並みアップさせたりと、教えることがとにかく得意。②陸上、トライアスロンや勉学に打ち込む中で心身を鍛え、自分も周囲もポジティブにするのが得意。③昔からのせっかちな性分で、目の前の仕事をスピーディに処理するのが得意。④相手の気持ちをエンパワーして、何かをプレゼンするのが得意。最後に、⑤人気企業筆頭に人生で内定数34社と、就活・転職そのものが何より得意。

これだけそろえば、ヘッドハンターは我ながら「天職」としか思えません。皆さんも、どれだけのノートを書きつぶせるか、今日から始めてみてください。

書きつぶすごとに、自分自身がクリアになっていく！

〝学歴フィルター〟はある、と思っておくこと！

志望者の方にとって、はっきり口に出さないまでも大きな関心事となるのが、**ご自身の学歴と採用の関係**ではないでしょうか。これに関しては、近年、機会均等というコンプライアンスの視点から、あるいは広く多様な人材を求めるという実利面で、多くの企業でいわゆる〝**学歴フィルター**〟が撤廃されている、という共通の認識があるように思います。

が、多くの企業様のご担当と接する機会が多い私からすると、それは必ずしもすべてに当てはまるとは言えません。学歴による〝フィルター〟をかけないというのは、しばしば採用側のタテマエというところがあり、**ホンネの部分では今も厳然とした区別がある**というのが現実と言えるでしょう。これについては、他のヘッドハンターの方のようにあいまいにボカしたり、「学歴はまったく関係ありません！」などと書くことはできない――それが、日本一のヘッドハンターとしての自分の務めであり、誠意だと感じています。

もちろん、本当にフィルターのない企業もあり、新卒段階では多くの企業で広く人材を見ようとする姿勢が強いのは事実でしょう。ただ、特に〝一本釣り〟的な選考となる経験者採用となると、私たちに対しても**東大・京大・一橋や慶應・早稲田などブランド大学の名前をはっきり挙げたり、「MARCH以上」といったかたちでの人材推薦が求められます。**さらに細かく**「二浪以上はNG」**と指定してこられる企業様さえ、ないわけではありません。

こうした状況は、一般的に「学歴より実力」というイメージの強いアメリカ、例えばシリコンバレーなどでも同様、否、さらに強烈とのこと。昨年、現地で会った超敏腕ヘッドハンターによると「私はGoogleです」「Facebookの社員です」よりも、「○○大学で□□を学びました」ということのほうがステータスだといい、あらためて学歴という価値を感じさせられました。

と——こう書いたとたん「一浪で○○大学出身の自分には、最初から可能性がないのか」という声があがると思いますが、そこで諦めてはもったいない話。例えば、これまでたびたびお名前を挙げているM&Aキャピタルパートナーズへの転職を果たされたTさんは、正直なところ**学歴はいわゆる超一流ではありませんでしたが、そのハンデを強い熱意と内定獲得への努力によって乗り越え、見事に人生大逆転を果たされています。**

一方、自分の学歴に自信があるという場合も、油断は禁物。それだけを武器に一点突破がはかれるほど、採用というのは甘いものではありません。実際、私が見てきた中でも、高学歴ゆえの慢心から私のアドバイスを素直に聞けなかったり、真剣な取り組みができず、100%の結果を得られなかった人はいるものです。

学歴というのは不思議なもので、**「関係ない」という人は自分の学歴に自信がない場合が多く、自信がある人はむしろ関係の有無について語らない**ような気がします。そして本当にすごいのは、学歴の有無にかかわらず、衆の上に立ち、大事を成し遂げるような人（私の尊敬する故人、経営者の稲盛和夫さんは、その代表です）だと、個人的には思っています。

だからこそ、学歴に不安があるという方は「関係ない」と強がってみせるのではなく、**内定獲得へ別の〝武器〟を使って戦いを挑むことが大切**です。それはまた、自らを周囲から際立たせ、独自の輝きを持たせる結果に繋がるでしょう。そして、そのための〝武器〟は、ほかならぬ本書の中に余すところなく書いたつもりです。

学歴におごらず、自信がなければ別の〝武器〟で勝負！

リファラル採用には、思いがけぬ落とし穴も！

経験者採用において、気を付けなければならない意外な点に、いわゆる**「リファラル採用」**のメリットとデメリットがあります。

慢性的な人材不足を背景に、企業はリファラルには総じて積極的で、中にはそれを前提にしているところもあるようですが、物事というのは必ず両面を見ておくべきです。

まず、メリットについて——企業の側にとっては、自社内にいる人間の縁故や知人の紹介・推薦は信用の面で安心なうえ、優秀な社員による評価は採否における大きな手掛かりになるでしょう。一方、志望者の側からすれば、採用側の企業に有力な縁故があれば有利であり、知人や友人に「(自分のことを) うまく言っておいて」と口添えを頼むことができます。

一見すると、いいことばかりのような気がしますが、そこには思いがけぬ落とし穴＝デメリットがあるのも見逃してはいけません。中でも要注意なのが、**自分についてうまく口添えをしてくれているはずの、知人や友人の〝本当の反応〟**です。

皆さんは「そんなバカな！」と、驚くかもしれません。しかし、人の心というのはなかなか微妙な部分があり、特に自分の地位や立場が絡んでくるとなると、単純に「頼んだよ」「よし、OK！」という具合にはいかないものです。仮に、候補者である人物が非常に仕事のできる場合、当人が入社してくることで自分の地位や立場がおびやかされる、と感じる可能性は誰にでもあるでしょう（自分の場合に置き換えて考えてみてください）。

こうしたケースでは、頼まれる知人が生え抜きの場合、ともに経験者採用での転職（しかも同じ会社から）の場合のほか、職種が同じか違うか、年齢の違い、性別などによって反応も一様ではありません。例えば、同じ会社からの転職同士、職種も同じで年齢も近かったりすれば、入社後の相手はライバルになりますし、特にキャリアが上であれば自分が下位に立たされる恐れも感じるはずです。

そんなふうに考えれば、**よほどふたりの関係が良好でない限り、必ずしもプラスの情報を流してくれるかは保証の限りではない**でしょう。あからさまにマイナスの話だけをせずとも、当なたり障りのない言葉を並べた後で、さりげなく「ただ、あの人は○○○なところがあって」などと足を引っ張るようなことが、ないとは言えません。

何やらさびしくなる話ですが、世の中には面接官でありながら、自分より優秀そうな人材はあえて不採用にするというとんでもない人もいて（本当の話です）、**善意だけで判断することは危険**だと思います。

実際、私が直接見聞きしたケースでも、本人には「ほめておいたよ」と伝えながら、本当はネガティブな話ばかりをしていたという例が、けっして少なくありません。悲しいかなヘッドハンターという職業は、キャンディデイト様とクライアント企業様の両方からフラットに情報が入るため、そのあたりの裏事情まで嫌でもわかってしまうのです。

総じて言えるのは、**人間は自分より優秀な相手についてはあまり良く言わず、積極的にすすめるのは自分より劣っていると判断した場合が多い**という点――そんなことから、私のキャンディデイト様には先方に知人がいても、選考を終えるまでは、あえてリスクマネジメントのため、「志望の件、言わないほうがいいですよ」とのアドバイスさせていただくこともあります。

信じる相手が、味方になってくれるとは限らない！

めでたく内定の後も、油断は禁物と注意せよ！

経験者採用の場合、首尾よく目指す企業の内定を獲得できたとして、それで「めでたし、めでたし」ではありません。**まずやるべきは現在、在籍している会社への報告**です。

ただし、私はこれについてキャンディデイト様に「退職交渉」という言い方をしません。まして「退職願」とは、絶対に言いません。なぜでしょうか？——それは、**退職、そして転職は、労働者の「権利」であって、「交渉」したり「お願い」したりすることではない**からです（当然、海外にはこうした発想はありません）。

ですので、具体的には**「私は2023年9月1日から新しい仕事先に行くことが決まりました。これは決定事項なので、8月31日に辞めさせていただきます」**と、明確に会社側に伝える。

それが、唯一最良のやり方だと思います。

この場面で、**話をややこしくさせる可能性があるとすれば、ほかならぬ退職者本人**です。よほどの問題社員、あるいは会社の業績に不安があって退職を歓迎する状況でもない限り、日本の会社では社員が辞めることに一定の抵抗を示します（直属の上司などはマイナスの評価をされます）。そのため、上司や人事は慰留に努めるはずですし、難関企業への転職を果たすような優れた人材であれば、なおさらです。

その様子に、「自分はそんなに評価されていたのか」などと妙な優越感を覚えたり、「気の毒だ」などと少しでも感じたりしてしまうと、会社側はいっそう引き止めにかかり、退職は一気に面倒なことになります。特に、5年、10年と在籍しているうちには、上司が実際よりも偉かったり、素晴らしい人のように〝洗脳〟され、その言葉に過剰に反応するようなケースも出てくるなど、ことは意外に厄介です。

しかし――これは私自身がヘッドハンターとして数多くの経営者の皆さん、人事担当の方たちに直接聞いた話ですが、会社側が転職者を慰留する際、ほとんどの理由は「その人が優秀だから」ではありません。単に**「引き止めたら、翻意する可能性があるから」**です。

むしろ「この人は優秀だし、決断したらけっして曲げない」という相手には、時間をかけても無駄とわかっていますので、多忙な経営者や管理職、人事担当はあえて慰留しません。であれば、ここはグズグズと留まっているべきではなく、事務的に報告し、新しい世界へ飛び立つべきでしょう。

それだけでなく、**退職の段階で必要以上に手間をかけるのは、転職先の会社にもマイナスの印象を与える恐れもあります。**一事が万事で、「交渉ごとが苦手」という評価を受けてしまうからです。

グズグズ引き止められるのは、交渉が下手な証拠!

クールに、事務的に、でも最近多いというメールでの報告、あるいは「退職代行(という仕事があるのです)」に〝丸投げ〟というのはいただけません。別れ際に誠実な対応ができるかどうかは、少し大げさに言えば**「人間力」**に関わることです。

もちろん、引き継ぎ作業などは遺漏なきよう――世間は狭いもので、いい加減なことをすると必ずあなたをにしっぺ返しがきます。

〝親ブロック〟は世代間ギャップの面が大きい！

経験者採用で内定を獲得したあとのプロセスで、勤務先への報告とともに重要なのが**家族への説明**です。

私の経験で言うと、この部分がうまくいかず、いわゆる**〝親ブロック〟**が転職への思わぬ足カセになるケースは少なくありません。特に、経験者採用の方たちの年代（30代初めまで）の場合、パートナーよりも親（時にはその意を汲んだ兄弟姉妹など）の説得に手こずることは多く、猛反対を受けた結果、せっかくの内定を辞退してしまうような残念な結果さえあります。

家族、特に親の反対の理由は明白で、そのほとんどは「せっかくお世話になった会社を辞め、別な会社へ行くなんて」「大会社ならまだしも、なぜ不安定なところへ移るのか」というもの。

今の20～30代の皆さんの親世代は例外なく昭和生まれ、いわゆる安定成長の頃に就職し、その多くが日本型終身雇用の恩恵に浴してきましたので、**新卒採用で勤めた会社から別の会社へ移ることに、反射的にマイナスの反応を示します。**

それにくわえ、現在、経験者採用で人気の高い志望先と言えば、戦後の経済界で中心となってきた有名企業は少なく、親世代にはなじみのない社名、しかもスタートアップで歴史も浅い会社ばかりというのですから、反対したくなるのも無理はないでしょう。

実際、親世代は経験者採用ならぬ「中途採用」という後ろ向きの捉え方をする場合が多く、世代として専業主婦の方が多くを占めるお母さんたちには、ごく自然な安定志向から子どもたちの将来を案じ、できれば思いとどまらせようとする気持ちが強く働いてしまうようです。

しかし、現実に目を向ければ、２０１９年から２０２１年の3年間で、**大企業からスタートアップへの転職は7倍に増加**（２０２２年12月12日付「日本経済新聞」の記事より）し、ひと昔前の「学生人気企業ランキング」なども顔ぶれが一変。日本の産業構造と人材市場の急激な変化は、ヘッドハンターとして日々最前線に立つ私自身が誰より強く実感していますし、政府も「中途採用」の語を「経験者採用」へ変えるなど、そのいっそうの促進を掲げています。

実際、私が２０２２年に訪れたアメリカのシリコンバレーなどでは、**生涯いくたびもの転職**

を繰り返し、自らキャリアアップしていくのが当たり前で、日本もその動きをキャッチアップしつつあるところなのです。先だっては、かのトヨタ自動車さえ、ついに「終身雇用はできません」と表明しました。

であれば、皆さんもそうした認識をあらためて強く持ち、親や家族としっかり向き合ったうえで、**冷静に、ロジカルに説得し、納得を得るべき**でしょう。

親の側としてはけっして子どもの幸せを邪魔したいわけではなく、幸せの捉え方が時代とともに違ってきているというだけのことです。難関企業の内定を獲得するだけの人であれば、練り上げてきた自己分析や志望動機によって、最後は必ず理解をしてもらえるに違いありません。

一方、パートナーの場合は世代も近いことから、親に比べて理解を得やすく、時には一番の理解者、応援者になってくれることが期待できます。もちろん、この先のライフイベント、特に住宅やお子さんのことなどは十分話し合う必要がありますが、私のキャンディデイト様の中にはご夫婦そろって、転職に挑戦される方もたくさんおられます（付録の対談258ページをご覧ください）。パートナーとともに夢へ向かって進んでいけるというのは、素晴らしいことではないでしょうか。

逃げずに向き合い、ロジカルに説得すべし！

内定後の対応の激変は、思わぬしっぺ返しのもと！

経験者採用での内定獲得後に関して、もう一つ大切なことを書いておきます。それは、ほかならぬ**採用側の企業やヘッドハンターへの対応**です。

人間は現金なもので、ことが首尾よく運んでしまうと、これまで丁寧に、心を込めていた一つひとつが、いきなりぞんざいに、雑になるというケースにたまにお目にかかります。

例えば、採用側からのメール連絡などに対しても、これまでは30分と間を空けずに即レスポンスをしていたのが、内定をもらったとたんに急に遅くなって、何日も放っておく。私たちヘッドハンターに対する態度も同様で、やたらにベタベタしていたような人ほど、内定後に１８０度も違ってしまい、木で鼻をくくったような対応になる人もたまにいます。

第3章の「希望年収」のところにも書いたように、確かに内定が出るまでと出たあとでは、志望者と採用側の立場は大きく変わります。とはいえ、それはあくまで相対的な立場の変化であり、**ひとたび内定すればあとは勝手気ままでいいというわけではない、**という点には注意が必要でしょう。連絡への回答など、必要な手続きがあまりにルーズだったりすれば、入社後の配属で希望の職種につけてもらえなかったり、最悪の場合には内定の撤回というのもあり得る話（本当です）。ここはしっかり、気を引き締めるべきです。

ヘッドハンターにしても、めでたく希望の会社の内定がとれた人のことは、入社までできる限りフォローをし、ご本人が少しでも働きやすいようにしたいと考えていますが、態度の変わり方が目に余るようでは、そうした気持ちも持てなくなります。たとえ内定が出たとしても、会社との接点となる場面では、自分が常に評価されているのを意識しなくてはいけません。

企業における人材の採用は「採って終わり」ではないことを、くれぐれも忘れないようにしましょう。

入社後の働きやすさも、考えて行動せよ！

何事も運のせいにするな、「偶然とは、必然である」！

私は、すべての点において**「偶然とは、必然である」**ということを固く信じて疑いません。人間、どんなことであれ、徹底的に学び、経験を重ね、意識や行動に磨きをかけていくうちには、運というあいまいな領域を突破することはできるはずです。例えば、じゃんけんというのは確率論から言えば勝率50％のところ、私自身は、仮にヘッドハンター兼経営者を辞めて〝じゃんけん師〟なる仕事へ転じるなら、10年後には勝率80％にするくらいの自信があります（笑）。グー、チョキ、パー、それぞれを出す際の握り方や腕の振り方などを、徹底的に研究し、何万回と勝負を重ね、それを糧にしていけば、運勝負のはずのじゃんけんでさえ必然に変えていけるでしょう。

プロ野球の名監督・野村克也さんに**「勝ちに不思議の勝ちあり、負けに不思議の負けなし」**

という言葉があります。要は、試合に負けた時にそれを運のせいで片づけることなく、なぜ負けたかを徹底的に分析し、欠点を補強することを重ねていくこと。それがあって初めて、ご褒美のような不思議の勝ちにも恵まれることもあるという意味で、何事も手間と研鑽を惜しまない姿勢が偶然さえ必然にするのです。あるいは、サッカーの元日本代表監督・岡田武史さんの**「勝負の神様は細部に宿る」**という言葉もぜひ味わうべきで、細部にいたるまで徹底的な努力を続けることが、勝利へと繋がる。この章の最初に、1000の準備で10を出せと書いたのも、そういう気持ちが強くあるからだと理解してください。

最近の流行語で「タイパ」すなわちタイムパフォーマンスというのがありますが、**どれだけ少ない努力で成果を挙げるかなどという発想では、就職にせよ転職にせよ、絶対に成功はしない**と思います。そんな私ですので、現役の学生さんから「タイパ」や「コスパ」という言葉が出ると、その場でピシャリ！　でも、そう言われて目の色を変えた当の本人が2～3カ月もすると、見違えるように優秀な人材になっていることは少なくありません。これは結局、最高にタイパがいいと言えるのではないでしょうか？

「タイパ」「コスパ」では、成功は掴めない！

徹底せよ、ただし優先順位は間違えるな！

何事であれ、徹底的に学び、経験を重ね、意識や行動に磨きをかけていくのは、大切なこと。しかし、それも優先順位を誤らないよう、くれぐれも注意をしなければいけません。

特に気を付けなければいけないのは、**健康**です。若い時というのは、体力に無意識の自信があるため、のめり込むと文字通り寝食を忘れて取り組むことがしばしばあります。もちろん、就職や転職に本気で取り組む大切さに気付き、それを第一に考えることはいいことです。とはいえ、例えば2時間睡眠、食事もほとんど摂らず、というようなやり方では遠からず健康を損なうのは目に見えています。

長い人生のうち、数カ月を就職や転職に捧げるとして、そこでの優先順位を間違えて本番の選考で力を発揮できなかったり、めでたく入社できても直後に大病を患ってしまったり、最悪の場合は自殺してしまうというのは、真面目過ぎる人、周囲からはエリートと評価される人ほど多いもの。それでは、まさに本末転倒と言うしかありません。

一方、そうした時に判断を誤らないうえで役立つのが、実は**徹底した「自己分析」の積み重ね**である――そのように書くと、皆さんは驚かれるでしょうか？

履歴書やエントリーシートなどに必須の**「自己分析」というのは、いわば自分自身を〝他者〟の目で客観的に見る、という方法を身に付けること**です。自分はどういう行動パターンを得意にしているのか、どんな点が要注意なのか、どうするとうまくいき、また失敗するのか？　自らのことは、意外にわかっていないという場合は多いと思います。就職や転職を通じ、第三者の目で自分を見る習慣を重ねることは、目前の行動はもちろん、会社に入ったあとも人生における優先順位を判断するうえで、実に有益と言えるでしょう。

自分自身のこれまでを徹底して振り返り、仕事や会社との向き合い方を考える、それはかけがえない自己研鑽の一つです。タイパやコスパを考えていては、けっして身に付かない自己分析の力によって、皆さんが健やかな心身で頑張れるよう願っています。

「自己分析」を通じ、客観的な視点を育てよ！

同調圧力に流されず、自分の信じる道を行け！

本書を通じてたびたび繰り返してきましたが、**内定獲得への取り組みには（前項に書いたように健康には留意しつつ）自らの精魂を傾けてことに当たるという気持ちを、しっかり持つことが最も重要です。**

その心構えがしっかりとできていないと、周囲の「同調圧力」に負けてずるずると流されて行ってしまうでしょう。こう書きながら、あらためて自分の学生時代の就職に関するノートや資料を見返していても、当時の雰囲気を思い出し「流されなくてよかった」と痛感するところです。

私自身は学内にあって比較的優秀な意識の高い集団にいたものの、東大生や慶應生でも、1

社も内定をもらえずに就活浪人する先輩が一定数いた時代であり、同じグループの先輩でもコミュニケーション能力にやや欠けるという人では、なかなか内定がもらえませんでした。それを見るにつけても「怖いな」と感じ、就職へ向けての覚悟をいっそう強くしたものですが、では周囲の学生たちはというと、みんな内心、未知なる就活が不安で仕方なかったと思いますが、「頑張るなんてかっこ悪い」というクールを装った空気が圧倒的。多くが一緒になって勉強を適当にし、遊びやおしゃべり、日々の刹那的な楽しみにうつつを抜かす空気が強烈で、ましてや就職のことなど誰も口に出しません。そんな中、とにかく**「これに惑わされてはダメだ」**と自らに強く言い聞かせたのを覚えています。

こうした不健全（とあえて言い切ってしまいます）な同調圧力は、まさに日本ならではの悪習で、自分としてはひとりでもこれを壊したかったし、実際、一度として流された記憶はありません。そこには、けっして裕福ではなかった子どもの頃から青春時代、置かれた状況を変えてみせる！という強烈な思い、たとえ周囲から「変なヤツ」だと見られても意に介さない固い決意もありました。さもなければ、入学直後から**「就職で人生を大逆転する」**などと考えもしなかったでしょうし、例えば3年の段階で人気企業のインターンを7社も合格してやる！といった目標をクリアすることも難しかったと思います。

しかも、高校時代は県内トップの学校、大学も私学の雄である慶應義塾大学にあっても、そうした空気だったのです。全体で見れば、その同調圧力の強さはいかばかりだったでしょう? 今にして思えば、クールに装っていた周囲の同年代も心底から余裕があったのではなく、内心では就職の厳しさはわかりつつ、だからこそそれを直視するのが怖かったのだと〝同情〟します。しかし現実というのは、そこから目を背けたままで好転することは絶対にありません。

精魂を傾けるといっても、新卒採用では数年という短い時間であり、この本で紹介している点をきちんと理解、実践すれば成功への道は必ず見えてくるはずです。**人生の限られた時期、流されず自分の未来を切り拓くことは、けっして恥ずかしいことではなく、未来の賞賛へ繋がる挑戦である**――その点を、特に新卒採用の皆さんには何度もかみしめてほしいと思います。

未来のために頑張ることは、少しも恥ずかしいことではない!

何事も絶望するなかれ、「奇跡は起こせる」！

日本一のヘッドハンター半沢健の「内定を勝ち取る！　48の鉄則」も、残すところあと一つ。最後、皆さんに強く、強く、銘記してほしいのは**「奇跡は起こせる」**ということです。

ここまで私は、**人生を変えるのは運などではなく、熱意であり、不屈の努力であり、意識であり、徹底した行動である**と、繰り返し書いてきました。そこには、自分として一つの嘘もありません。ただ、生きているうちには、自分でも「どうしようもない」と絶望しかかる局面というのは誰にも必ずあるものです。

私の場合、これまでに少なくとも二度、そうしたことがありました。

一つ目は大学2年の時、目標としていた42・195㎞フルマラソンの大会を1年後に控え、過度なトレーニングが災いし、歩けなくなるほどの右脚の大ケガをした時のことです。医者からは全治半年を宣告され、「歩くことさえ難しいのに、走るなんて絶対に無理！　マラソンなどもってのほか」と言われたのを、すぐに右足を引きずりながらもまずできることをと、すぐに毎日のプール通いを始め、患部に負荷の小さい水中でのウォーキング１００往復を日課にしました。ほかにも、とにかく毎日やれることからやっていこうと、腹筋やストレッチ、腕立て伏せを続けるうち、衰えていた脚の筋肉も驚くほどに回復し、目指していた大会に出場。2時間台の記録を出せたのは、我ながらとんでもない奇跡を起こせたと思っています。

そしてもう一つは、大学4年の正式な就活解禁の際のこと。この時、私は3年のうちにインターンシップをした企業から既に内定をもらっていたのですが、採用枠20名以下と最難関で知られていた超人気金融機関（東大や京大、慶應や早稲田でも、筆記試験や最初の面接で落ちるのが当たり前でした）を会食面接なども含めて8次面接まで進み、内々定を得ていたところで迎えた4月1日の最終面接の際——実質、入社確認の場面で「ウチへ来ますね？」と聞かれたのに、「実は○○さんと、□□さんの面接がこれからで、それを待ってから決めたいと思っています」と何とも正直に答え、面接官に驚かれて何度も聞かれた挙句も不器用に意見を変えず、ただひとり不採用になってしまったのです。

とてつもないショックでした。今のような屈強なメンタルを持ち合わせていなかった私は、それまでの〝就活無双〟状態から一転、落ちるはずのない面接を自分の判断ミスで落ちてしまった衝撃に、気が付くと渋谷の街をあてどなく放浪。そのまま数日経っても立ち直れず、最も入りたかった会社の面接も1次であえなく玉砕してしまいます。

人生を大逆転しようと、大学入学から3年間、ひたすら就職での勝利だけを考え続けてきたのに、一番大切なところで取り返しのつかない失敗というのでは、そのままズルズルとダメになってしまっても不思議ではありません。それでも、数日が経つうちには持ち前の生命力で気力も回復し、再び破竹の内定獲得が始まりますが、そうするとどうしても諦めきれないのが、最悪の状態で玉砕した第一志望群のある会社です。

当時、ひとたび不採用になれば再挑戦は絶対にあり得ないという、その会社に直接ぶつかってみようと考えた私は、懸命の直訴の末に大学3年生を対象にしたインターンシップへと参加。そこで圧倒的なパフォーマンスを発揮したことで、会社側から破格の評価を受け、異例中の異例である再度の面接挑戦の機会をいただきました。結果、今度は本来の自分を出しきり、念願の内定を獲得できたのはまさに奇跡だと思っています。

奇跡と書きましたが、マラソンの場合も、この場合も、私の中にあったのは自分自身で**「決めたことをやり遂げたい！」**という強烈な信念であり、断じて「神頼み」や「運頼み」などではありません。だからこそ最終的に**奇跡は「起きる」ではなく、「起こせる」**と断言ができるのです。

ここまで皆さんには、この本を通じて就職・転職がいかに大変なことか、またそれへ向けての研鑽と努力がどれほど重要かを、繰り返して書いてきました。その点で、お手軽なＴｉｐｓばかりの類書に比べると相当に歯ごたえのある内容になっていると思います。でも、それはすべて人生大逆転を果たしてほしいという、私の切なる願いからのこと――私同様、**奇跡とは自分自身で「起こせる」と信じ、最高の幸せを力強く掴み取ってください。**

絶対に諦めない、その気持ちが「奇跡」を起こす！

終章

〝人生大逆転〟から始まる、新たな物語

――自らの「幸せ」のため、何度でもスタートせよ

「いい会社」の条件とは何か？　もう一度考えてみる

第1章の **「意識編」** から始まり、以下、**「書類編」「面接編」「極意編」** と全部で48項目にのぼる内定獲得の〝鉄則〟について、ここまで詳しく説明してきました。序章でも書いたように、その一つひとつは「日本一のヘッドハンター」である私だからこそ断言できることばかりであり、皆さんにはぜひ素直にこれと向き合い、意識に強く刻み、実践してほしいと思います。

そうすれば、あなたは必ずや就職・転職を通じて **「人生大逆転」** を果たせるでしょう。これもやはり本書の最初に書いた通り、**人生においては「どの企業」で働くかが、幸せを決める最も大きな要因となる**からです。

ただ、この場合に注意してほしいのは、「どの企業」という判断の尺度が、人によって実に様々であるという点。**いわゆる「いい会社」という世間的な物差しだけでは簡単に決められない**ということを、この本の最後にもう一度よく考えてもらいたいと思います。

世間的に言う「いい会社」というのは、まずは知名度や安定度にくわえて、年収が高いこと、働きがいのある仕事であること、最近では働きやすい社内環境であることも重要なポイントかもしれません。そして何より、今も昔も各種メディアが発表する就職・転職の人気企業ランキング上位であることは、日本において「いい会社」と呼ばれるための大きな条件となっているようです。

しかしながら、これらはあくまで相対的な評価軸であり、知名度も年収も、働きがいや働きやすさも、すべては「今の会社」「あの会社」と比べてのことだという点を忘れてはならないでしょう。すなわち**実際の就職・転職においては、こうした相対的な評価以上に、皆さん自身にとっての「この会社！」という絶対的評価が重要になる**――私としては、そのことを声を大にして言っておきたいのです。

もちろん、人が羨むような会社、すなわち相対的な評価の高い会社へ行くというのは、それ自体で立派な選択肢だと思いますし、よりわかりやすい「大逆転」と言えるかもしれません。ただ、それに飽き足らない気持ちが少しでもあるのなら、自分にとっての「この会社！」という気持ちは大切にすべきでしょう。

実際、ヘッドハンターとしてキャンディデイトの皆様を見ていると、**本人が熱心に取り組めば取り組むほどに、志望する会社の評価軸が劇変するケースは少なからずある**ものです。例えば、初めての面談の際、転職人気企業ランキング上位の会社しか知らなかったり、年収や福利厚生などの表面的な条件ばかり見ていた方が、私のアドバイスに沿って同業他社の情報を足で稼いで集め、徹底的に分析し、多くの会社の採用プロセス体験を重ねていくにつれ、もともとの評価が大きく変化。働きがいや、自分自身で見えていなかった資質とのマッチング、さらには仕事自体の社会的な価値など、多様な軸を発見することで、志望する会社の志望順位リストががらりと変わる、あるいは志望順位リストにおける上位と下位がそっくり入れ替わるという事態は、ごく当たり前に起こります。

このように、**転職（もちろん就職も）に熱意をそそぐことは、自らの評価軸や価値観を変化、成長、充実させるという点で、大きな大きなメリットがある。**例えば「あの会社で営業をバリバリやって、年収を何倍にもする！」と思っていた人が、転職活動をするうちに「この会社で最先端のソーシャルビジネスを、自分の仕事にしてみたい！」という考えに変わったり、「数字に強いから、経営計画の部門でがんばってみたい！」との自己評価が、「人と人を結び付ける能力こそ、自分の得意スキル！」と気付いたり——それは、本書の冒頭で皆さんに尋ねた**「皆さんは今、幸せに生きている実感がありますか？」**との質問に、胸を張って「イエス」と言える強い自信となるはずです。

私が、キャンディデイトの皆様に「視野を広げるためにも、できるだけ数多くの会社にアタックしましょう」とアドバイスし、時には1日に2社、3社の面接をアレンジするのも、こうした点をも考慮してのこと。その意味で、**就職や転職とは皆さんの人生を外面的に変えるだけでなく、内側においても「大逆転」する、実にかけがえのないチャンス**だと言えるでしょう。

内定獲得、それは次なるステップへの新たなスタート

就職や転職への取り組み自体が、皆さんの内面を大きく変化、成長、充実させるという点に気付く時、自ずとわかってくることがあります。それは、**志望する会社の内定を獲得し、めでたく入社すれば「はい、終わり」というわけではない**という点です。もしそのように考えたら、あなた自身の価値もその瞬間に「はい、終わり」となってしまうでしょう。

その意味で、就職・転職の成功はあくまで一つの「スタート」であって、最終的な「ゴール」ではありません。**就職・転職活動を通じて発見した自分の能力や資質をいっそう磨き、新しい環境で自らのバリューを高め、視線の先には常に次のステップを見つめることで、さらなる「人生大逆転」へ向かう新たな原動力にする。**ひと時の成功に満足し、安住することのない、そんな姿勢が皆さんの人生をさらなる高みへと導いてくれるはずです。

そうであれば、転職は一度だけでなく、二度、あるいはそれ以上の回数を行っても、けっして悪いことはありません。それどころか、たびたびの転職を全力を持って行うことは、**あなた**

自身を毎回大きく成長させ、価値ある人財へと変えていくチャンスになります。そのたびごとに新たな目標や人生の幸福を発見し、転職先で自らのスキルや資質を向上させる経験は、転職がもたらす何より大きな果実だと言えるでしょう。

そして、さらなる視野の先には「起業」という別な選択肢も見えてきます。事実、スタートアップ企業の創業者の方たちの多くは、学生の身からいきなり起業というコースを取らず、新卒採用後に何社かの転職を経たのち、そこで得た人脈、身に付けたスキルをもとに会社を起こし、成功させている例が最も多いのではないでしょうか。

もちろん、人には向き不向きというものがあり、例えば故スティーブ・ジョブズや、世界中の若き起業家の憧れとも言えるイーロン・マスクといった、まさに「生まれながらのアントレプレナー」の場合には、大学を出て会社に入り、サラリーマン生活を送っている姿は想像できないかもしれません。日本でも、孫正義さんを始め、ついに宇宙へ飛び出した前澤友作さんなどは、そのタイプと言えるでしょう。そうした人たちの場合、もはや新卒での就職も経験者としての転職も関係なく、一気に起業という生き方こそが「人生大逆転」であり、最高の「幸せ」なのだと思います。

シリコンバレーで考えた――あなたの未来、日本の将来

こんなことを書くのは、ほかでもありません。昨年（2022年）の秋に、アメリカはサンフランシスコで開催された「スタートアップワールドカップ」の世界大会に参加した折、深く考えるものがあったからです。

同大会は、アメリカのペガサス・テック・ベンチャーズが主催し、日本政府や東京都も後援する世界最大級のグローバルピッチコンテスト・カンファレンスで、2017年より開催されて昨年が4回目。世界70以上の国と地域の予選で選び抜かれた起業家たちによる、優勝投資賞金1億円をかけてのプレゼンテーションの熱戦が繰り広げられましたが、私はその主催者サイドに招かれ、シリコンバレーを中心とする彼の地のビジネス文化をつぶさに見聞、世界のトップを行く若手起業家の皆さんと時間を忘れて討議する機会を得ることができました。

そこで目の当たりにしたのは、何よりも**日本のビジネス社会が世界の趨勢から圧倒的に取り残されている**という事実であり、このままではこの国の若い人たちに未来がない！との暗澹たる気持ちには、ただただ打ちひしがれるばかり。なぜ、シリコンバレーは世界のビジネスの先端に立ち続け、どうしてＧＡＦＡＭは日本から生まれないのか、その理由をいやというほど見

せつけられたからです。

とりわけ印象に残ったのは、Googleを始めとするシリコンバレーの中核企業で感じた、**一人ひとりの幸せがビンビンと伝わってくるような生き生きした社内、そして地域全体の空気。**言うならば、チャレンジとイノベーションが街中に噴出し、あふれ、渦を巻いているという感じで、誰もが常に「何か新しいことはないか？」と目を輝かせています。そうした空気は、当然のように失敗を恐れないビジネス文化を生み、挑戦せずに停滞するくらいなら、やってみて失敗しても「おー、いいぞ！」という喝采が起こる。もっぱら減点主義ばかりがまかり通り、誰もが失敗を恐れて挑戦の気概を忘れている日本の常識では、絶対に敵わないことを思い知らされました。

それ以上に強烈だったのが、世界中から選りすぐりの若い起業家の皆さんの積極性で、プレゼンテーション本番以外のセミナーや講演の場などでも、どんどん手を挙げて自分の意見をしっかりと述べている。私が「日本一のヘッドハンター」とわかると、どこへ行っても名刺攻め、中にはびっしりと書き込まれた履歴書をどっさりと持参している学生さんもいて、自らの未来を拓くために今やれることを徹底する姿勢には、〝情熱〟には自信のある私でさえたじたじのありさまでした。

日本からの参加者も、若手起業家の皆さんにくわえて、東大、早稲田、慶應など、各大学1

名ずつの選ばれし優秀な学生さんたちがずらり。慶應義塾大学代表で参加の後輩は、15歳で初めての起業をし、在学中にM＆Aによるイグジットで多額の売却益を得て、既に一般サラリーマンの何倍もの多額の金銭を得ていました。彼以外にも猛者の学生が多く、実に頼もしい気持ちになりましたが、そんな彼らに話を聞いても、やはり出てくるのは日本のビジネス文化に対する残念な言葉ばかりです。

曰く——日本はあまりにコンサバティブ、保守的であり、就職にしても単なる「人気企業」にばかり何となく人が集まり、そこで無難に働くことしか考えていない。それでは、優秀な人ほどスポイルされてダメになるのは当たり前、アメリカでも優れた人はどんどん会社を出ていくけれど、それはより良いポジションを求めてのことで、実際にそれを繋える環境が整っている。

何よりの証拠が福利厚生のレベルの高さで、アメリカ企業において社内の食堂が一流レストランに負けないほど美味しいのは、社員を引き留めておきたいからこそ。新卒一括採用や転職における年齢制限など、日本だけの特殊事情があるにしても、若者の側がそれに甘んじて自分の人生を切り拓く気概を忘れては、何年経っても状況は変わらず、ぬるま湯のまま国全体が衰退していくしかない——。

まったくの慧眼で、日本にもこうした素晴らしい若者がいること自体、実に心強いと思う一方、その情熱と才能、努力を大輪の花として開かせるためにも、ヘッドハンターとしての私にしてからが、彼ら、彼女らのような若い力をもっともっと応援しなければならない、と覚悟を新たにした次第です。

実際、本書でもたびたび書いたように、さしもの日本型終身雇用も既に有名無実化しつつあり、近い将来には世界標準、さらにはシリコンバレー並みに人材市場が活性化するのも夢ではないでしょう。今、これを読んでいる皆さんには、10年後、20年後、30年後の働き方、勤め先、人生の幸せを真剣に考え、より良い選択をしてほしいと思います。巻末の付録には、シリコンバレーでお目にかかってお話をうかがった、アメリカ西海岸屈指のヘッドハンター・立野智之さんのインタビューも掲載していますので、ぜひあわせてお読みください。

＊

さて、**就職・転職を通じて「人生大逆転」を果たす『無敵の内定戦術』**も、ここでひとまず終了です。

書くべきことが200％出しきれているか、知ってもらうべき点がわかりやすく表現できているか、おおいに心もとないところもありますが、振り返って「日本一のヘッドハンター」として自信を持って読んでいただける内容という点では、類書にはけっしてひけをとらないと確信します。

最後にもう一度、言っておきたいのは**「就職と転職は、あなたの人生を大逆転する何よりのチャンス」**であり、いつ始めても早すぎることはないという点。以前も書いたように、特に転職活動にあるのはメリットばかりで、失うものは何一つありません。であれば、ためらう必要はどこにあるでしょう？

あなたという人間の存在意義とバリューは、他ならぬあなた自身がその気にならない限り、大きく花開くことはありません。**せっかくこの世に生まれたのに、今のままの不満の残る人生を送っていていいのでしょうか？**　生きて、働くことの喜びを心の底から感じ、自分にとっての「幸せ」を実現するためにも、皆さんには勇気ある一歩を今すぐ踏み出してほしい。

常に私を支えてくださるキャンディデイト様、クライアント企業様、その他関係者の皆様に深甚の感謝を申し上げるとともに、このささやかな1冊を読んだ皆さんの人生が、就職・転職、はたまた起業などを通じて幸せに満ちたものになることを願ってやみません。

2023年6月1日　半沢健

特別対談

高橋 愛さん

（パーソナルスタイリスト／コラムニスト）

面接のカギを握るファッションは〝筋トレ〟と同じ。日々の積み重ねが成功へ繋がります

高橋愛（たかはし・あい）

フジテレビ「ウワサのお客さま」で「ユニクロ先生」として出演するなど、メディア出演多数で活躍。服飾の学校にてデザインを専攻し、デザインと縫製を中心にカラーや繊維など多岐にわたりファッションについて学ぶ。その後は10年間アパレル業に携わり、約5万人をスタイリングした経験を持ち、年齢層も幅広い顧客を抱える。「内面＋外見を整えて、自分らしく輝きながら活動できる女性を増やしたい」という思いから、2015年にパーソナルスタイリストとして起業。起業して1年後、初めて企業との仕事でANAのwebにコラムを寄稿。以降は企業からの仕事を継続受注、現在に至る。著書に『迷わないおしゃれ』（WAVE出版）がある。

半沢健（以下：半沢）　高橋さんと初めてお目にかかったのは、私も参加した就職・転職のイベント。セカンドキャリアで奮闘されるおふたり、元TBSアナウンサーの国山ハセンさんや元AKB48の島田晴香さんと一緒に出られていましたね。高橋さんはフジテレビの番組に出られてから、「ユニクロ先生」として話題になられており、その際のお話が実に興味深く、イベント終了後にすぐ声をおかけしたのが、お仕事をご一緒することになったきっかけですね。

高橋愛氏（以下：高橋）　それが今度は、ご著書の対談にまでお招きをいただき、光栄です。

半沢　高橋さんは第一線でパーソナルスタイリストのお仕事をされ、「見られる」ことへの意識も高く、就職・転職志望者の依頼も多い高橋さんだけに、お話の内容は本当に勉強になることばかりです。

高橋　ありがとうございます。

半沢　特に驚いたのが、人間の第一印象がわずか3秒とか5秒で決まってしまうというお話です。私もこれまで、多くの人気企業の経営者の方々から「採用か不採用かを決めるのは、だいたい3分」と聞かされていましたが、実際にはわずか数秒だというのは、とても衝撃的でした。

高橋　もちろん、数秒ですべて決まるということではないのですが、最初の3秒で「なんか良さそう」か「ちょっと違うかな」といったように、瞬間的に振り分けされてしまうのです。そうすると、後の流れを挽回するのは、なかなか難しいと思います。

半沢　わかります。経営者や人事の方のお話をうかがっても、多くの企業様が、面接というのはとにかく最初が肝心で、そこで採否を決めた後は、一種の〝答え合わせ〟になると言うんですね。

高橋　答え合わせですか？

半沢　要は、最初に「いいな」と思った人については、採用を前提にじっくりと見ていくのに対し、「違うかな」という人には不採用で悪い印象を持たれないよう、できるだけ心地よい言葉をかけてお引き取りいただく、と言う。つい先日も、東京キー局のアナウンサー面接をずっとされてきた方が、これを徹底しているとおっしゃっていました。

高橋　実際の話、第一印象が良くないと、例えばトークの技術が圧倒的に高いとか、人並み優れた経験があるとかでもない限り、厳しいかもしれません。逆に言うと、最初の数秒でいい印象を与えられれば、面接官のほうでも聞く耳を持ってくれるので、こちらの受け答えも落ち着いてできる。自分の本当の魅力をちゃんと伝えやすくなる、と言えますね。

半沢　面接は文字通り人生のかかった重要な場面で、緊張するのが当たり前です。思ったように話せないこともしばしばですし、そんな時に第一印象がプラスになるというのは、すごいアドバンテージだと思います。

高橋　そこで大切になるのが、半沢さんも重視されている「メラビアンの法則」（１５２ページ参照）です。相手に与える印象のうち、言葉によるものがわずか7％、それに対して視覚による情報が55％も占めるというのであれば、そこを重視しないわけにはいきません。

半沢　といっても、その点を上手にコントロールするのはなかなか簡単ではありません。私がお手伝いをするキャンディデイト様からも「面接の際のコーディネートがわからなくて」という質問をいただくことが多いのですが、私も正直なところファッションセンスには自信がなくて（苦笑）。

高橋　面接ですから、飛び抜けたファッションのセンスは必要ではないんです。それよりも相手に与える印象が重要で、まずは清潔感と、その業種や会社にふさわしいヘアメイクというのは絶対条件。それに加えて色の効果をうまく活用できれば、第一印象はぐんと良くなると思います。

半沢　色の効果というと、具体的にはどんな点を心がければいいのでしょう？

高橋　色にはそれぞれ、心に働きかけるイメージがあります。例えば赤はエネルギーを感じさせ、身につけると自然に元気になりますし、リーダーシップを発揮するような場合もおおいに役立ちます（242ページ図参照）。

半沢　確かに、M＆Aキャピタルパートナーズの中村悟社長が、赤いネクタイを上手に取り入れておられるのは有名な話です。

色と心理的効果の関係

赤：エネルギー　リーダータイプ やる気になっている時、自信を取り戻したい時、自分をアピールしたい時	
オレンジ：ポジティブ　カジュアル　親しみやすさ 恐怖やプレッシャーによる心の不安や抑圧を取り除き、緊張をやわらげる	
黄：アピール 自己アピールの強い人が好む傾向、知性を刺激し知的な印象を与えるのに効果的	
緑：バランス 心身のバランスを整えリラックスさせる効果あり	
青：抑制 誠実さを感じさせる色で、信頼に繋がる	
紫：スピリチュアル 本当は心身のバランスを整える癒しの色、アパレル業界など特定の業界向け	
ピンク：愛情 心を満たし、人を思いやるあたたかさを与えてくれる色	
白：リセット 物事や感情を一度リセットする効果あり	
黒：重厚感 落ち着いた印象で、自分自身をしっかり意識したい時に	

高橋　おっしゃる通りで、面接の場面ではまさか赤いスーツというわけにはいきませんが、ネクタイやポケットチーフの色に工夫すると、相手への印象と自分自身の心のお守りにもなると思います。

半沢　就活ではスーツは青か黒というのが〝鉄板〟ですが、それは青が「誠実」を感じさせ、黒が「重厚感」に繋がるからということなんですね。

高橋　青や黒が一般的というのは、良くも悪くも個性を抑える日本人らしいですよね。そんな中で、小物との色の組み合わせを工夫すると印象は強くなり、うまく使えば面接官に対するメッセージの効果さえ期待できます。

半沢　メッセージの効果ですか？

高橋　例えば、会社にはそれぞれコーポレートカラーというべき色がありますが、その色を取り入れたコーディネートにしてみる。それだけで、採用側の印象は確実にプラスになります。心理学では「カラーミラーリング効果」と呼んでいますが、人は相手が自分と同じ色のものを持っていると自然に安心し、共感を覚えますので、「御社に入りたい！」という熱意を伝えるにはうってつけです。

半沢　清潔感については、どうでしょう？　私が聞いたところでも、この部分を指摘されて不採用になる方は意外に多いのですが、具体的にどういうことなのかというと、ちょっと掴みにくい部分もありますね。

高橋　そうですね、きちんとお風呂に入ってきれいにしているのに、「清潔感がない」と言われる人もいて……。これは、意外に細かい部分の注意が必要だと思っています。同じようにネクタイをしていても、結び目がきれいかどうかで印象はまったく違いますし、靴がピカピカかどうかという点もそう。ネクタイは顔のすぐ下にあり、面接で椅子に座ると靴というのは、とても印象に残るんですね。

半沢　新卒採用の場合は就活で歩き回りますし、経験者採用では普段の営業用の靴そのままで面接に臨んでしまう。それでは「足元を見られる」わけですね。

高橋　そんなことのないよう、靴はスーツよりも少しだけ高級なものを選ぶ、あるいはよく磨いておくなど、それだけで清潔感はアップするのではないでしょうか。

半沢　そのあたり、どうやってチェックするといいのでしょう？

高橋　自分のことというのは、自分が一番わかっていないものですし、信頼できる第三者に見てもらうのがいいと思います。私のようなパーソナルスタイリストにもご相談いただけますし、最近はスーツ専門店にもコーディネーターの方もいらっしゃいますので、上手に活用してほしいですね。

半沢　「美は細部に宿る」という言葉がありますが、面接の際の第一印象もそうした細かな部分が大切ということですね。

高橋　見た目というのは、自分のものでありつつ、同時にそれを見る相手のものなんだと思います。だからこそ気遣いが重要で、その部分ができていないと相手の信頼を得られない。一方で、細かな部分に気を配っていたり、小物や持ち物——さっき言ったネクタイやポケットチーフ、靴、そして鞄や名刺入れなどに気持ちが行き届いていると、その人自身の評価も上がるものです。

半沢 心理学で言う「ハロー効果」（167ページ参照）にも通じますね。

高橋 そうした気遣いというのは、いざ面接という場面で考えようとしても難しいと思います。だからこそ、普段から物を選ぶ時、仕事用のスーツやネクタイを買う時などに、自分をどう見せたいのかという点を意識してみるのが大切と言えるでしょう。目標をしっかり持ち、日々の積み重ねが大きな成果に繋がるという点で、ファッションというのは〝筋トレ〟と同じなんだと思います。

半沢 素晴らしい！ おっしゃる通り、面接という特別な場面だけ取り繕おうとするのでは、絶対にうまくいきません。キャンディデイト様が残念な結果になった場合、企業様から「姿勢が悪い」という点を指摘されていることが多いのですが、その場だけ「姿勢を良くしよう」と意識してもダメで、ひとつを意識すると他の部分がおろそかになったりする。

高橋 だからこそ、普段からの積み重ねなんです。

半沢 本番で急にはできないから、平素から良い姿勢を徹底して心がけ、面接に臨む際は無意識でやれるようでなければなりません。その意味で、高橋さんのおっしゃる〝筋トレ〟という言葉には膝を打つ思いですし、私も特に若い方には、姿勢の重要性をアドバイスする機会も多いです。本日は貴重なお話をいただき、ありがとうございました。

特別対談

立野智之さん

（シリコンバレー在住ヘッドハンター）

能力を武器に「面白いことをする！」という気概が、シリコンバレーを世界一魅力的にしています

立野智之（たての・ともゆき）

慶応義塾大学大学院を卒業後、プラント会社日揮の国際Project Management Teamの一員として、東南アジア・中近東・西アフリカで建設Projectの立ち上げに従事。その後、Recruit 米国New York データセンター事業の立ち上げ責任者、Justsystemsシリコンバレー立ち上げ責任者などを経て、2000年よりTP Partners 社の Managing Director として、ヘッドハンティング、Post Merger Integration を中心とする組織設計・組織構築のビジネスをシリコンバレーで展開。現在はシリコンバレー専門のヘッドハンターとして活躍。

半沢健（以下：半沢） 私と同じ慶應義塾の先輩であり、最近は日本のメディアでも〝シリコンバレーの凄腕ヘッドハンター〟として紹介された立野さんですが、シリコンバレーにはいつから？

立野智之（以下：立野） 1995年にパロアルトに拠点を移してから、27〜28年。主として、日本企業がシリコンバレーで何かをやろうという時に、外側からお手伝いをするという仕事を続けています。

半沢 事業立ち上げにまつわる、コンサルティングが中心ということですね？

立野 ヘッドハンターの仕事は、あくまでその役割の一部なんです。そもそも、ヘッドハンター業の起源もマッキンゼー、戦略コンサルから派生と言われています。頭を使う難易度の高い仕事と言われます。単に「いい人がいたら紹介してよ」というのではなく、クライアントが新事業を立ち上げる際、まずはその会社の何をしようとしているか、それにはどんな人材が必要なのかを徹底的に聞くことから始める。そのうえで必要な年俸なども細かく確認し、見合った人をヘッドハンティングするという流れですね。

半沢 私は現在、日本国内を中心にコンサルやM&A業界を始めとした幅広い業界のトップ企業様をクライアントにしているのですが、コンサルフィーも高額であり、ヘッドハンターに正当なプライオリティがあるのを感じています。確かに、高学歴の元マッキンゼーや元ゴールドマンサックスのヘッドハンターなど、ビジネスエリートがヘッドハンターには多いですね。

立野　グローバルファームである、エゴンゼンダー、ラッセル・レイノルズ・アソシエイツ、コーン・フェリー、スペンサースチュアート、ハイドリック・アンド・ストラグルズ所属の方々を始め、世界には優秀なヘッドハンターが多くいらっしゃいますよね。アメリカでは、経営陣や部長クラスの上級管理職を扱うエグゼクティブサーチと、一般的なリクルーティングビジネスが完全に分かれていて、僕がやっているのはクライアントが求めるプロフェッショナルを、高額の年俸とフィーを前提に確実に探してくる。このクラスの場合、それぞれの人材のレベルが際立っていますので、こちらとしても刺激が大きく、実に面白いですよ。

半沢　おっしゃる通り、優秀な人材と話すのは、この仕事の醍醐味だと感じます。業界ごとに様々な情報、様々な未来があって、それを日々吸収するとともに、キャンディデイト様にお教えすることができる。この仕組みを楽しいと思えてこそ、優秀なヘッドハンターだと個人的には思っています。

立野　同感です。

半沢　シリコンバレーとは、立野さんからご覧になってどんな場所と言えるでしょうか?

立野　ひと言で表現するなら「世界中からとんでもなくIQの高い連中が集まっている場所」ですね。石を投げれば一流大学の大学院出に当たるほどで（笑）、そういう人たちが常に「何か面白いことができないか」と議論をし、アイデアを出し、新しいビジネスとして立ち上げている。その過程では様々な分野のプロフェッショナルの参加はもちろん、資金面などで応援してくれる人たちとのネットワークも不可欠で、皆がせっせと人脈をつくっています。

半沢 所属する企業への意識も、日本とは相当に違うのでしょうね?

立野 僕も含めて、「ここでは誰もが「面白い仕事をしたい」ということを第一に考えています。具体的に言えば、世の中を変えられるような技術やビジネスに携わりたいという気持ちで、それを実現するためのリーダーやスタッフがいる場所にいること――それができるなら、有名企業である必要も感じていません。

半沢 会社による、収入面の差はないんでしょうか?

立野 もちろん多少の差はありますが、仕事や地位が同じならば給料はほぼ同じなんです。労働におけるジョブ制が徹底していますので、その部分はGoogleも10人程度のベンチャーも変わりがありません。だから、大きい会社は優秀な人材を確保するため、社員食堂を朝昼晩とタダにしたり、健康保険を安くするんですね。

半沢 その話は聞いたことがあります。

立野 実際にシリコンバレーでは、エンジニアは一つの会社に平均4年しか在籍しません。4年というのは、ちょうど一つのプロジェクトが終わるタイミングで、そうなると次の新しくて、面白いプロジェクトを求めてどんどん移籍するわけですね。僕の娘は転職を経てＵｂｅｒに勤めていますが、入ってから6年たつと同じ時期に入った１００人の同僚のうち、3人しか残っていないといいます。

半沢　そうなると、個人の働き方もずいぶん違ってきますね？

立野　まさに人それぞれ。年齢や性別などは無関係ですし、日本のように9時5時というような縛りもなく、早朝の道が空いている時間に来て、午後にはもう仕事を済ませて帰ってしまう。要は、求められた結果を出せばいいんです。会社によっては有給休暇も無制限で、娘などは出産から育児に関わる期間、たっぷり1年以上の休暇を取得したり、そのあたりがＵｂｅｒを辞めない理由でしょうね。

半沢　画期的なお話です。

立野　もちろんシリコンバレーならではのことも多く、アメリカでも他の地域、例えば東海岸の金融ビジネスなどとの違いは少なくありません。ただ、共通して言えるのは仕事の保障がないという点で、結果を出せなければ「明日から来なくていいよ」となりますし、利益の出ない部門はばっさりカットされるので、誰もが常に転職先を探しているというのが現実です。また、そんなふうに不安定だからこそ、皆が切磋琢磨するということも起こるのだと思います。

半沢　日本でも、長らく続いてきた年功序列や終身雇用も崩れ始めています。そのあたりは、いかがでしょう？

立野　実はアメリカにも、かつては終身雇用があったんですよ。でも、自動車にしろ半導体にしろ、日本を始めとするアジアにマーケットを奪われて、そうも言っていられなくなった。誰だって、いい給料をもらって一生雇ってもらえたら嬉しいでしょうけれど、維持できなくなったら仕方ありませんよね。ただ、年功序列というのはやはり日本独特の制度で、これが変化の足かせになってきたのは間違いないと思います。

半沢　その意味では、日本の労働市場もこれから大きく変わっていくでしょうね？

立野　変わらざるを得ませんね。5年程度の中期では変化も少しずつでしょうが、日本の場合は振り子が限界に達すると一気にスイングする傾向があり、10年、20年では人材の劇的流動化が起こるでしょう。具体的には退職金がなくなり、年齢による退職制度がなくなると、ガラリと変わるはずです。

半沢　特に、コロナ禍のこの3年の変化は大きいと見ています。「日本は豊かだ」という幻想が崩れて、私の周囲でもシリコンバレーの強さの秘密に本気で目を向ける人が多くなりました。

立野　いいことだと思いますよ。今の10代、20代、30代の皆さんにとって、日本の社会のシステムがこのままでいいとは考えられません。だからこそ、20年、30年先の自分の人生を真剣に考え、変化を先取りしておくことが大事になる。同調圧力に流されず、人より先んじて行動すれば、将来はけっして悪いものにならないでしょう。若い世代でも慶應のSFCの学生さんなど、「既存の大企業の終身雇用は面白くない」なんて生意気なことを言っていますが、そうした気付きが広がっていくと、変化も加速すると期待しています。楽しみですね。

半沢 私も、そう見ています。メディアの報道は「これからの日本はダメになるばかり」というような悲観バイアスがもっぱらで、実際は未来に繋がる芽が若い世代からどんどん出てきている。日本の何年後かの姿が、現在のシリコンバレーになると素晴らしいと思います。本日は貴重なお話を、ありがとうございました。

コラム

好きを仕事に！

アイドルやアナウンサーのセカンドキャリア戦略から見えるもの

「最も大切なことは、最も大切なことを、最も大切にすることである」

――スティーブン・R・コヴィー

とてもシンプルですが、核心をついている言葉です。私はキャリアのプロフェッショナルとして、この言葉をこそ、仕事を選ぶうえで念頭に置かなければならないと感じます。実際、進路に迷う新卒就活生や転職活動者に対し、右の言葉を投げかける機会は少なくありません。では、仕事を選ぶうえで「最も大切なこと」とは何でしょうか？　これには、様々な答えがあると思いますが、中でも「好きを仕事に」が最も重要なひとつだと思います。

これまで私はキャリアを見るプロとして、どんな人が幸せでいられるか、また周りを幸せに

日本酒専門の酒販店「ゆい酒店」代表取締役を務める高野祐衣さん。
NMB48を2015年に引退後、唎酒師やSAKE DIPLOMAなどの資格を取得。2022年に西浅草に初の実店舗をオープンさせた。

できるか。実に多くの方々を見てきました。

序章でも述べたように、社会人の時間の大半を占めるのは「仕事」です。それだけに、「好きを仕事に」ができている方の多くは、本当に幸せそうであり、周りにも幸せを運んでいらっしゃいます。だからこそ、最も大切にすべきことのひとつだと言えるでしょう。

一方、人によっては仕事は苦であり、我慢するものであり、土日の休日にストレスを発散するという考えもあるかもしれません。しかしながら、好きを仕事にできた方の充実感と比べると、その人自身の幸せ指数はもちろん、心の余裕の違いも相まって、周りを幸せや笑顔にできるパワーにも雲泥の差があります。

これは、いろいろな人を見ていて思う以上に、私自身が誰よりも痛感しており、ヘッドハンター兼経営者という自分の仕事が、本当に大好きです。

この仕事が大好きで、言い方は妙かもしれませんが「仕事を仕事と思わない」感覚——究極の話、無給になってでもやりたい仕事だと思っています。私にとっては天職であり、「好きを仕事に」の素晴らしさを実感しているひとりです。

近年、元アイドルからのセカンドキャリア、元アナウンサーからのセカンドキャリアなど、新たな世界でさらなる活躍をされている女性の輝きが、メディア等でしばしば取り上げられ、注目されているのをご存じでしょうか。女性の活躍推進、副業兼業といった様々なワークスタイル、いわゆる「個の時代」など、働き方が変革する時代において、その先頭に立って牽引する素晴らしい事例も少なくありません。

私が見てきた数多くの方々の中でも、「好きを仕事に」できている彼女たちは、本当に輝いて活き活きされているのを強く感じます。アイドルグループNMB48の元メンバーで、現在は「ゆい酒店」の店主をしておられる高野祐衣さんもそのおひとりです。

大好きな「日本酒」を仕事に、東京・西浅草に酒販店「ゆい酒店」をオープンし、自ら店頭に立たれて経営されています。愛する日本酒に囲まれ、いつも笑顔の接客が日本酒通の間でも大人気です。

これからは、ますます「個」や「自分がどうしたいか」が求められていく時代。ご自身にとっての、本当の「好き」は何か？　を考えることは、仕事の選択をより良いものにするためにも不可欠だと思います。

高野さんのような事例は、他にも様々なメディアで取り上げられており、彼女たちのセカンドキャリアにおける奮闘ドラマを、皆さんもご自身の「好き」を見つけるヒントにしてみてはいかがでしょうか？

転職成功+人生大逆転体験談

〝入魂〟のアドバイスに素直に耳を傾けたからこそ、ふたりそろっての人生大逆転は起きました。

H・YさんとM・Yさんはご夫婦で、それぞれ人生2度目の転職にトライ。Hさんは大手証券会社、M&A仲介業界の大手企業を経て、同業界の大人気企業へと転職を成功させ、年収は600万円から年収4500万円と大幅にアップ。Mさんもまた、情報サービス関連の大手企業から第一志望であったM&A業界の人気企業へと転職し、年収480万円から年収700万円+ストックオプションにと大幅アップ。実質、約2倍の年収アップとなりました。おふたりはどのようにして「転職成功」と「人生大逆転」を果たしたのか？　実際の転職活動のプロセスから、その秘密に迫っていきたいと思います。

半沢健（以下：半沢）　Y様ご夫妻は、相次いで人生二度目の転職をされ、Hさんは同じ業界で、Mさんは今までとは違う業種・職種で内定を得られました。おふたりともにお手伝いした私から見て、実に理想的な形で移られましたが、振り返ってどのようにお感じですか？

H・Y氏（以下：H）　私で言うと、最初の転職の折は大手のサポート会社へ登録し、先方から紹介された会社の面接をただ受けるという流れだったのが、今回、半沢さんにご相談をしたところ、その親身で細やかな対応に最も驚いたという面が大きいですね。

M・Y氏（以下：M）　私もまったく同じです。

半沢　ありがとうございます。おふたりとの出会いや内定に至るまでを思い起こすと、H様は内定を得られた直後、当時婚約者であられたM様と共に、私のオフィスにご丁寧に御礼に来てくださいましたね。その時はM様も転職されるとは思ってもいなかったのですが、2年半後にM様が私に転職の相談に来てくださった時は、本当に嬉しく感じました。

M　転職を考え始めた時に、すぐに半沢さんに相談しようと決めたんです。私は夫の転職成功を一番間近で見ていて、半沢さんの実績やサポート力は誰よりも理解しているつもりでしたから。

半沢　ほかにも、H様は内定直後からご友人を私にご紹介くださり、改めて御礼を申し上げます。中にはH様のご親友もいらっしゃって、大切な方々の人生の一大事である転職をお任せいただいたこと、H様の並々ならぬ信頼を感じて身が引き締まる思いでした。

H　私が半沢さんとの面談で特にありがたかったのは、相談をする中で「そういうお考えであれば、この会社がいいのでは」とか「そうしたビジョンなら、こういう会社もありますよ」と、こちらが想像もしなかった多様な選択肢を提示していただけたことですね。お陰様で、前回とは次元の違う能動的な転職活動ができたと思います。

M　半沢さんの場合、とにかく面談の内容が濃いんですよね。私もみっちり3時間、生まれてからの経験や人柄、現在の仕事はもちろん、これまで深く考えたことのなかった将来のこと、最終的には「幸福観」のような部分までヒアリングしていただき、その過程で自分が転職で何を求めているかが明確になりました。

H　紹介してくださる会社にしても、メリットとデメリットの両方を私の考え方に即して示してくださって。本当に親身になってくださっているなぁ、と。

半沢　私としては、この仕事を魂を持ってやっていて、一期一会でお会いした皆さんに幸せになってほしい。特におふたりは、ポテンシャルはもちろん、お人柄も素晴らしいのがすぐにわかりましたので、経済的にも、やりがいの面でも、もっと幸せになる環境が絶対にある！という強い想いがありました。

H　そんなふうに、私たちのことを私たち自身よりも深く理解していただいたからこそ、転職活動にも〝戦略的〟に臨めたという気がします。本命の企業だけではなく、半沢さんがベターとお考えの選択肢を複数ご用意いただいて、次々に受けていく中で面接のスキルも磨けましたし、順次内定を獲得したことが目指す企業に向けての手応えに確実に繋がりました。

M それも、驚くほどのスピードで、彼の場合は2週間。私にいたっては、最初の面談から本命の会社の内定が出るまで、わずか11日でしたから。

半沢 それほどの短期間というと、読者の方は誤解するかもしれませんが、その間は毎日が面接の連続で、私が「受験期間だと思って頑張りましょう」と申し上げたのに対し、おふたりとも懸命に取り組まれたのが成功に繋がりましたね。

H そこには、他のヘッドハンターさんとの違いというのも絶対にあって、一般のヘッドハンターさんが人事の末端と接触しているのに対し、半沢さんは人事の責任者や経営陣といったトップとの強いパイプがある。だからこそ、候補者と採用側の希望は高確率でマッチしますし、書類、面接、内定とすべての判断のスピードも速いんだと思います。

M 書類についても、エントリーシートや職務経歴書を最初の面談でお渡ししたら、すぐに添削をしてくださって。それも、自分のどこをどうアピールすべきか、言語化の方針を気付かせてもらえたのが大きかったですね。お陰様で、面接ではそのストーリーを自分の言葉でスラスラと話すことができました。

H　それはまったく同感で、活動全体、マクロの面とミクロのノウハウの両輪で支えていただけたことが、大きな安心に繋がったし、プロフェッショナルの凄さを感じましたね。
M　毎回の面接が終わった後、1時間以内にレポートを提出するというのも、半沢さんならではだと思います。その面接で何を聞かれ、どう答え、どう思ったか、面接を通じての印象や志望の変化など、半沢さんとの認識の共有がいかに大切だったかが、今にしてわかります。
半沢　面接後のレポートというのは、とにかく毎回、それも1秒でも速くというので、キャンディデイト様には負担だと思いますが、それによって即座に対応策を講じる意味でも絶対に欠かせません。おふたりは、よくおやりになりました。
H　その都度の良かった点、失敗した点がわかるだけでなく、言葉足らずの後悔があった部分については、半沢さんのほうで先方の担当の方に「H・Yさんは、こういうことを伝えたかった」と援護射撃までしてくださって、感謝しかありません。
M　ご本人がおっしゃるように、本当に魂を込めていないと一人ひとりにそこまでのことはできませんよね。こちらとしては、そんな半沢さんの本気に対して、いい結果を残すことが最大のご恩返しだと思って、全力で取り組めました。
半沢　そうおっしゃってもらえると、本当に嬉しいです。Hさんは年収600万円から年収4500万円と大幅にアップし、そしてMさんも第一志望の企業の内定を得られ、年収アップとストックオプション獲得のみならず、好きな仕事での大きな夢とやりがいを手にされ、私が言うところの「人生大逆転」を果たされました。素晴らしいことだと思います。

H 半沢さんには、職業というだけでなく、人生という大きな視点での決断をお手伝いいただけました。自分の人生に期待や希望、ワクワクが感じられる――これをお読みの皆さんにも、そんな体験をしてほしいですね。

M 私自身の成功の理由としては、とにかく半沢さんのアドバイスに素直に耳を傾け、行動したことだと思います。極端な話、半沢さんに手伝ってもらってダメなら、誰に頼んでもダメという気がしますし（笑）。

半沢 身に余るお言葉の数々、本当にありがとうございました。

半沢健（はんざわ・けん）

ヘッドハンター兼経営者。慶應義塾大学在学中に、自身の就職活動成功体験を活かし（大学3年時、投資銀行を始めとした選考付きインターンシップで7社に合格。業界トップ企業を始めとした人気の大手難関企業を中心に、多業種にわたって多くの内定を獲得。）、就活塾を立ち上げ。東大生・慶應生・早稲田生を中心に、幅広い学生の支援を実施。難関企業を筆頭に数多くの内定に導き、感謝のお言葉を頂いた。同大学を卒業後、就職人気の高い業界トップの大手リーディングカンパニーに入社。またその後、大手企業勤務経験を活かして転職活動を実施、大手外資系コンサルファームやM&A仲介企業を始め多くのオファーを受ける。新卒就活時と転職活動時もあわせて、人生で計34社、人気の難関企業中心に内定を獲得。当時圧倒的なこの実績により、周囲からの新卒就活や転職の相談にのる機会も多く、大学在学時から強い興味を抱いていた人材ビジネスに携わることを決意。ヘッドハンター業界に参画。個人部門別の全国1位のヘッドハンターとして、2019年度、“コンサル（M&A）部門MVP”、全国1位のヘッドハンターに選ばれる（日本経済新聞社グループ主催）等、個人表彰多数受賞。TOP株式会社の代表取締役社長兼ヘッドハンターとして、上記“日本一”の実績と抜きん出た経験を活かし、多くの学生やキャンディデイト様のご支援で活躍する。

■ご相談・お問い合わせについては、著者メールアドレスへ
ken-ceo-headhunter@topc.co.jp

無敵《むてき》の内定戦術《ないていせんじゅつ》

2023年6月1日　第1刷発行

著者　半沢健《はんざわけん》

発行者　寺田俊治

発行所　株式会社 日刊現代
東京都中央区新川1-3-17　新川三幸ビル
郵便番号　104-8007
電話　03-5244-9620

発売所　株式会社 講談社
東京都文京区音羽2-12-21
郵便番号　112-8001
電話　03-5395-3606

印刷所／製本所　中央精版印刷株式会社

表紙・本文デザイン　松崎理（yd）
編集協力　ブランクエスト

C0037

ISBN978-4-06-532403-5